Elisabeth Degenhart

Das süße Kochbuch

Suppen, Hauptspeisen und Nachspeisen für sparsame Naschkatzen

Leopold Stocker Verlag
Graz – Stuttgart

Fotos: Thomas Böhm, Imst

Bibliografische Information Der Deutschen Bibliothek
Die Deutsche Bibliothek verzeichnet diese Publikation in der Deutschen Nationalbibliografie, detaillierte bibliografische Daten sind im Internet unter http://dnb.ddb.de abrufbar.

Hinweis: Dieses Buch wurde auf chlorfrei gebleichtem Papier gedruckt. Die zum Schutz vor Verschmutzung verwendete Einschweißfolie ist aus Polyethylen chlor- und schwefelfrei hergestellt. Diese umweltfreundliche Folie verhält sich grundwasserneutral, ist voll recyclingfähig und verbrennt in Müllverbrennungsanlagen völlig ungiftig.

Auf Wunsch senden wir Ihnen gerne kostenlos unser Verlagsverzeichnis zu:
Leopold Stocker Verlag GmbH
Hofgasse 5 / Postfach 438
A-8011 Graz
Tel. +43 (0)316/821636
Fax. +43 (0)316/835612
E-Mail: stocker-verlag@stocker-verlag.com
www.stocker-verlag.com

ISBN: 978-3-7020-1252-6

Umschlaggestaltung, Layout und Repro: Werbeagentur Rypka GmbH., 8143 Dobl/Graz
Druck und Bindung: Druckerei Theiss GmbH., A-9431 St. Stefan

Inhalt

Kuchen, Schnitten, Rouladen und Torten

Vorwort

Der Erfolg meiner beiden ersten Kochbücher „Das 1-Euro-" und „Das 2-Euro-Kochbuch" beweist, dass viele Menschen auf der Suche nach günstigen, alltagstauglichen Rezepten sind. Einfache, rasch nachzukochende und noch dazu preiswerte Gerichte sind gefragt – daher ist der Verlag auch an mich herangetreten, diesem Thema eine „süße Krone" aufzusetzen. Meine neuesten Kreationen stelle ich Ihnen nun mit meinem 1-Euro-Süßspeisenkochbuch vor.

Noch vor 50 Jahren wurde in den meisten Haushalten nur selten Fleisch aufgetischt. Eine Alternative zu fleischlosen Gemüsegerichten waren häufig Mehl- und Süßspeisen, die nach einer Suppe als Hauptgang serviert wurden. Und so griffen kluge Hausfrauen auf den Erfahrungsschatz ihrer Mütter und Großmütter zurück, um mit süßen Gerichten den Speiseplan abwechslungsreicher zu gestalten und ihre Familien immer wieder aufs Neue mit ausgezeichneten Aufläufen, süßen Knödeln, köstlichen Strudeln und Kuchen zu überraschen. Dazu kam es immer mehr in Mode, die Familie sonntags, besonders auch an Fest- und Feiertagen, mit raffinierten Nachspeisen zu verwöhnen.

Ich erinnere mich gern an meine Kindheit zurück und an die Köstlichkeiten, die meine Großmutter für uns zubereitete. Auf dem Bauernhof meiner Großeltern stellten wir bis auf einige wenige Grundnahrungsmittel alle Lebensmittel selbst her. Der große Garten, Beerensträucher und auch viele Obstbäume boten eine Fülle an Beeren und Früchten. Und mit all dieser Vielfalt begann ich die Rezepte meiner Großmutter bereits mit 12 Jahren zu variieren. Nachdem ich eine eigene Familie gegründet hatte, war ich wieder auf der Suche nach neuen Gerichten, die Abwechslung boten und vor allem für uns auch leistbar waren. Und aus Erfahrung wusste ich: Gut essen muss nicht teuer sein. Da wir weder einen Gemüsegarten noch Obstbäume hatten, begann ich, in den Geschäften Preisvergleiche anzustellen, mich auf Sonderangebote zu konzentrieren, kaufte saisonbedingt günstig auf Bauernmärkten oder direkt beim Bauern ein. Erdbeeren und Kirschen holte ich mir von den Selbstpflück-Plantagen. Heidelbeeren, Himbeeren, Brombeeren und Pilze – meist in Verbindung mit einem Familienausflug – sammelte ich im Wald. Auf diese Weise kam ich mit meinem Haushaltsgeld auch immer gut über die Runden.

Die Wirtschaftskrise des vorigen Jahres und die Tatsache, dass es viele Menschen gibt, die sparsam mit ihrem Geld umgehen müssen, haben mich letztendlich dazu motiviert, meine unzähligen gesammelten Rezepte der breiten Öffentlichkeit zur Verfügung zu stellen.

Das vorliegende süße 1-Euro-Kochbuch beinhaltet nun teils Rezepte von damals, teilweise habe ich die Rezepte an die heutige Zeit angepasst, und manche Gerichte habe ich extra für das Buch neu kreiert. Wiederum belaufen sich die Kosten für die Rezepte auf etwa einen Euro pro Person. Voraussetzung ist aber auch diesmal wieder, dass man Früchte und Beeren möglichst im eigenen Garten erntet oder im Wald sammelt und für den Winter konserviert. Wer diese Möglichkeit nicht hat, sollte saisonale Angebote im Handel nutzen.

Meist sind die Rezepte für 4 Personen berechnet. Für Singles oder Paare können sie aber auch leicht geteilt werden. Erleichternd für die Zubereitung soll die Reihenfolge der Zutaten sein, die dem jeweiligen Arbeitsablauf entspricht.

In diesem Sinne wünsche ich Ihnen wieder viel Freude und gutes Gelingen beim Nachkochen meiner für Sie ausgewählten süßen 1-Euro-Rezepte.

Ihre
Elisabeth Degenhart
Oberperfuss, 2010

Die Autorin
Elisabeth Degenhart wurde 1952 in Oberperfuss geboren. Ihre Kindheit verbrachte sie auf dem Bauernhof ihrer Großeltern, wo sie Ihrer Großmutter bereits mit 12 Jahren mit Begeisterung in der Küche half. Nach dem Volksschulabschluss absolvierte sie eine Lehre als Verkäuferin im Lebensmittelbereich. Mit 18 Jahren heiratete sie, gründete eine Familie und widmete sich fortan mit Leidenschaft ihren schmackhaften und günstigen Kochvariationen. Sie lebt mit ihrem Mann in Oberperfuss.

Danksagung
Wieder gilt mein Dank zur erfolgreichen Umsetzung dieses Buches meiner Lektorin Ursula Buchheister, die meine handschriftlich verfassten Rezepte erfasst und in Manuskriptform gebracht hat. Und ebenso danke meinem Fotografen Thomas Böhm aus Imst, der auch in diesem Buch wieder für die Aufnahmen verantwortlich zeichnet.

Ich bedanke mich auch beim Leopold Stocker Verlag für das in mich gesetzte Vertrauen, mit meinem süßen 1-Euro-Kochbuch ebenso viele Menschen zum Nachkochen zu inspirieren, wie es mir mit den ersten beiden Bänden gelungen ist.

Alphabetisches Rezeptregister

Österreichische Ausdrücke

Biskotte	Löffelbiskuit
Eidotter	Eigelb
Eiklar	Eiweiß
Erdäpfel	Kartoffel
Germ	Hefe
Knödel	Klöße
Marillen	Aprikosen
Moosbeeren	Cranberries
Obers	Sahne, Rahm
Polenta	Maisgrieß
Powidl	Pflaumenmus
Ribiseln	Johannisbeeren
Sauerrahm	Saure Sahne
Semmel	Brötchen
Semmelbrösel	Paniermehl
Staubzucker	Puderzucker
Topfen	Quark

Verwendete Abkürzungen

EL	Esslöffel
g	Gramm
kg.	Kilogramm
kl.	klein
l	Liter
ml	Milliliter (1000 ml = 1 l)
Msp.	Messerspitze
P.	Packung
Stk.	Stück
TL	Teelöffel

Süße Kokossuppe mit Orangen

Süße Kokossuppe mit Orangen

- Die Milch in einen Topf geben, zwei Drittel der Kokosraspel, Zucker und Salz einrühren, aufkochen und 15 Minuten leicht köcheln lassen. Kurz auskühlen lassen und die Suppe durch ein Küchentuch gießen, gut auspressen.
- Die restlichen Kokosraspel in einer Pfanne ohne Fett goldbraun rösten und in die Suppe geben.
- Die Erdäpfelstärke mit 2 Esslöffeln Wasser anrühren und unter die Suppe rühren, Obers hinzufügen, danach die Suppe kurz aufkochen lassen, auskühlen lassen und 2 Stunden in den Kühlschrank stellen.
- Die Orangen schälen, die weiße Haut entfernen und die Filets aus den Trennhäuten herauslösen.
- Die Orangenfilets vor dem Servieren in die Suppe geben.

Zubereitungszeit ca. 30 Minuten
Wartezeit ca. 2 Stunden

Zutaten für 4 Portionen
750 ml Milch
250 g Kokosraspel
1 EL Zucker
1 Prise Salz
2 TL Erdäpfelstärke
250 ml Obers
2 Orangen

Erfrischende Holundersuppe

- Die Holunderbeeren von den Rispen streifen und waschen, die Beeren in einem Topf mit Wein, Wasser, Zucker und Zimtstange aufkochen und 4 Minuten kochen lassen. Die Zimtstange entfernen, danach die Suppe pürieren.
- Die Erdäpfelstärke mit 2 Esslöffeln Wasser anrühren und unter die Suppe rühren, einmal kurz aufkochen lassen, dann die Suppe auskühlen lassen und anschließend über Nacht in den Kühlschrank stellen.
- Die Toastbrotscheiben in kleine Würfel schneiden, die Butter in einer Pfanne heiß werden lassen und die Brotwürfel darin goldbraun rösten. Mit Staubzucker und Zimt bestreuen und auskühlen lassen.
- Die Holundersuppe in Teller füllen und mit den gerösteten Brotwürfeln bestreuen.

Zubereitungszeit ca. 20 Minuten
Wartezeit ca. 12 Stunden

Zutaten für 4 Portionen
300 g Holunderbeeren
250 ml Rotwein
200 ml Wasser
60 g Zucker
1 Zimtstange
1 TL Erdäpfelstärke
2 Scheiben Toastbrot
30 g Butter
20 g Staubzucker
1 TL Zimt

Waldbeerensuppe
mit Schneenockerln

Zutaten für 4 Portionen
800 g gemischte Beeren (Himbeeren, Heidelbeeren, Brombeeren)
500 ml Weißwein
200 g Zucker
1 P. Vanillezucker
abgeriebene Schale von 1 Bio-Zitrone
1 EL Erdäpfelstärke

Schneenockerln
1 Eiklar
1 EL Zucker
1/2 P. Vanillezucker

- Die Beeren waschen, die Hälfte der Beeren pürieren und in einem Topf mit Wein aufkochen, Zucker, Vanillezucker und abgeriebene Zitronenschale dazugeben und 2 Minuten kochen lassen.
- Die Erdäpfelstärke mit 2 Esslöffeln anrühren und zur Suppe geben. Einmal kurz aufkochen, danach die Suppe auskühlen lassen. Die restlichen ganzen Beeren untermischen und verrühren.
- Für die Schneenockerln das Eiklar steif schlagen, Zucker und Vanillezucker unterschlagen.
- In einem Topf Wasser zum Kochen bringen, aus der Schneemasse mit einem Löffel kleine Nockerln ausstechen und ins kochende Wasser geben, danach den Topf von der Herdplatte nehmen und die Nockerln 5 Minuten ziehen lassen. Die Nockerln mit einem Schaumlöffel herausheben und auskühlen lassen.
- Die Suppe in Teller füllen, die Nockerln hineingeben und servieren.

Zubereitungszeit ca. 20 Minuten
Wartezeit ca. 2 Stunden

Limettensuppe

Zutaten für 4 Portionen
3 Limetten
750 ml Wasser
250 ml Weißwein
100 g Zucker
2 Eier
1 TL Zucker
50 g Makkaroni

- Die Limetten heiß waschen und abtrocknen, danach dünn schälen, 2 Limetten auspressen.
- Wasser, Wein, Limettenschale und Zucker in einem Topf zum Kochen bringen und 3 Minuten sieden lassen, danach die Limettenschalen mit einem Sieb herausheben, den Limettensaft in die Suppe gießen, anschließend den Topf von der Herdplatte nehmen.
- Die Eier trennen, Eidotter glatt rühren und unter die Suppe rühren, anschließend die Suppe auskühlen lassen.
- Die Eiklar mit Zucker steif schlagen, danach mit einem Teelöffel Nockerln abstechen und diese im Backofen bei 200 °C 10 Minuten unter dem Grill überbräunen.
- Die Makkaroni in siedendes Salzwasser geben und 8 Minuten kochen, abseihen und kalt abschrecken, danach die Nudeln kurz auskühlen lassen und in die erkaltete Suppe geben.
- Limettensuppe in Teller füllen und mit den Baisers garnieren.

Zubereitungszeit ca. 20 Minuten
Wartezeit ca. 1 Stunde

Waldbeerensuppe

Sauerkirschkaltschale
mit Campari

Zutaten für 4 Portionen
400 g Sauerkirschen
2 EL Zucker
100 ml Wasser
200 ml Campari
2 Blatt Gelatine

Schlagobers und Zitronenmelisse zum Garnieren

- Sauerkirschen waschen, entstielen und entsteinen, mit dem Stabmixer pürieren und mit Zucker vermischen, dann Wasser und Campari unterrühren.
- Die Gelatine in kaltem Wasser einweichen, ausdrücken und in einem Topf erhitzen, anschließend unter die Kirschenmasse rühren.
- Kirschenmasse in Teller füllen und 1 Stunde auskühlen lassen.
- Vor dem Servieren mit einem Klecks Schlagobers und Zitronenmelisse garnieren.

Zubereitungszeit ca. 20 Minuten
Wartezeit ca. 1 Stunde

Rhabarberkaltschale

Zutaten für 4 Portionen
400 g Rhabarber
80 ml Wasser
200 g Zucker
2 P. Vanillezucker
6 Eiklar
1 Prise Salz

Minzeblätter zum Garnieren

- Rhabarber putzen und waschen, dann die Haut abziehen und Rhabarberstangen in kleine Stücke schneiden.
- Die Rhabarberstücke in einen Topf mit Wasser geben und 6 Minuten leicht köcheln lassen. 1 Stunde auskühlen lassen.
- Rhabarber pürieren, danach den Zucker und den Vanillezucker unterrühren.
- Die Eiklar mit einer Prise Salz steif schlagen und unter das Rhabarbermus heben.
- Rhabarbermus in tiefe Teller füllen und mit Minzeblättern garniert servieren.

Zubereitungszeit ca. 20 Minuten
Wartezeit ca. 1 Stunde

Sauerkirschkaltschale

Kiwischale mit Ribiselcreme

Zutaten für 4 Portionen
200 g rote Ribiseln
2 Blatt Gelatine
3 Kiwis
40 g Zucker
250 g Naturjoghurt
60 g Staubzucker

- Die Ribiseln waschen und von den Rispen zupfen, 2 Stunden tiefkühlen.
- Gelatine in kaltem Wasser einweichen.
- Die Kiwis schälen, in kleine Stücke schneiden und mit dem Stabmixer pürieren, danach die Kiwimasse in einen Topf geben und aufkochen lassen.
- Gelatine ausdrücken und in der heißen Kiwimasse auflösen, danach den Staubzucker unterrühren.
- Das Kiwimus in tiefe Teller füllen und 1 Stunde auskühlen lassen.
- Die tiefgefrorenen Ribiseln mit dem Stabmixer zerkleinern, anschließend mit Joghurt und Staubzucker vermischen und auf dem Kiwimus anrichten.

Zubereitungszeit ca. 25 Minuten
Wartezeit ca. 3 Stunden

■ Tipp:
Man kann natürlich auch tiefgefrorene Ribiseln verwenden, dann entfällt der erste Zubereitungsschritt.

Erdbeerschale mit Rotwein

Zutaten für 4 Portionen
2 Blatt Gelatine
300 g Erdbeeren
80 g Zucker
400 ml Rotwein

Schlagobers und Zitronenmelisse zum Garnieren

- Die Gelatine in kaltem Wasser einweichen, die Erdbeeren putzen, waschen und in Scheiben schneiden. Erdbeeren in eine Schüssel geben, den Zucker dazugeben und gut untermischen, 30 Minuten ziehen lassen.
- Den Wein in einem Topf erhitzen, Gelatine ausdrücken und im heißen Wein auflösen, danach die Erdbeeren unterrühren
- Die Erdbeer-Wein-Mischung in tiefe Teller gießen und 1 Stunde auskühlen lassen.
- Vor dem Servieren mit einem Klecks Schlagobers und Zitronenmelisse garnieren.

Zubereitungszeit ca. 15 Minuten
Wartezeit ca. 90 Minuten

Kiwischale mit Ribiselcreme

Dukatenbuchteln mit Eierlikörsauce

Dukatenbuchteln mit Eierlikörsauce

- Die Germ in 4 Esslöffeln lauwarmer Milch auflösen, das Mehl in eine Schüssel geben und in der Mitte eine Vertiefung machen.
- Die aufgelöste Germ in die Mulde geben und mit etwas Mehl vermischen, 15 Minuten gehen lassen.
- Danach die lauwarme Milch, Eier, Öl, Zucker und Salz unterrühren, mit dem Kochlöffel so lange schlagen, bis sich der Teig vom Kochlöffel löst, anschließend mit einem Küchentuch abdecken und 90 Minuten an einem warmen Ort gehen lassen.
- Mit einem Löffel kleine Stücke abstechen und ca. 3 cm große Kugeln formen.
- Eine Backform ausbuttern und die Buchteln eng nebeneinander einschlichten, mit zerlassener Butter bestreichen und im Backofen bei 160 °C ca. 40 Minuten backen, danach halb auskühlen lassen.
- Für die Eierlikörsauce die Erdäpfelstärke in etwas kalter Milch anrühren.
- Restliche Milch in einen Topf geben und zum Kochen bringen. Die Erdäpfelstärke unter die kochende Milch rühren und nochmals kurz aufkochen lassen, danach den Staubzucker und den Vanillezucker unterrühren.
- Anschließend die Sauce auskühlen lassen und mehrmals umrühren, damit sich keine Haut bildet. Zuletzt den Eierlikör untermengen.
- Die Eierlikörsauce auf Teller verteilen, die Dukatenbuchteln darauf anrichten und mit Staubzucker bestreut servieren.

Zubereitungszeit ca. 70 Minuten
Wartezeit ca. 1 Stunde, 45 Minuten

Zutaten für ca. 20 Stück
50 g Germ
250 ml lauwarme Milch
600 g Mehl
3 Eier
4 EL Öl
100 g Zucker
1 Prise Salz

Mehl zum Ausarbeiten
Butter für die Form
zerlassene Butter zum Bestreichen
Staubzucker zum Bestreuen

Eierlikörsauce
1 EL Erdäpfelstärke
500 ml Milch
160 g Staubzucker
1 P. Vanillezucker
125 ml Eierlikör

Topfenriebler mit Holundermus

Zutaten für 4 Portionen
500 g Bröseltopfen (Bauerntopfen)
1 Prise Salz
300 g Mehl
120 g Butter

Staubzucker und Zimt zum Bestreuen

Holundermus
200 g Holunderbeeren
120 ml Wasser
80 g Zucker
1 Zimtstange

- Den Bröseltopfen in eine Schüssel geben, Salz und Mehl mit einer Gabel untermengen.
- Die Hälfte der Butter in einer Pfanne zergehen lassen, die Hälfte der Topfenmasse hineingeben und goldbraun durchrösten, warm stellen und mit der restlichen Topfenmasse den Vorgang wiederholen.
- Für das Holundermus die Holunderbeeren waschen, von den Rispen entfernen und in einen Topf mit Wasser geben. Zucker und Zimtstange dazugeben und 5 Minuten köcheln lassen.
- Die Zimtstange entfernen und die Holunderbeeren mit dem Stabmixer pürieren, 15 Minuten auskühlen lassen.
- Topfenriebler mit Holundermus anrichten und mit Staubzucker und Zimt bestreuen.

Zubereitungszeit ca. 40 Minuten
Wartezeit ca. 15 Minuten

Topfentascherln

Zutaten für 4 Portionen
500 g Erdäpfel
50 g Butter
1 Prise Salz
2 Eier
200 g Mehl
2 EL Grieß

Fülle
300 g Topfen
60 g Butter
abgeriebene Schale von 1 Bio-Zitrone
1 Prise Salz
1 P. Vanillezucker
100 g Staubzucker
1 Ei

Mehl zum Ausarbeiten
50 g Butter und 200 g Semmelbrösel zum Rösten
Staubzucker zum Bestreuen

- Die Erdäpfel in Salzwasser kochen, auskühlen lassen, danach schälen und durch die Erdäpfelpresse drücken.
- Die Erdäpfelmasse auf eine bemehlte Arbeitsfläche geben und mit Butter, Salz, Eiern, Mehl und Grieß zu einem Teig verarbeiten, 30 Minuten rasten lassen.
- In der Zwischenzeit für die Fülle den Topfen in eine Schüssel geben. Butter, abgeriebene Zitronenschale, Salz Vanillezucker, Staubzucker und Ei dazugeben und gut verrühren.
- Den Teig auf einer bemehlten Arbeitsfläche ausrollen und in 8 x 8 cm große Quadtrate schneiden, diese mit Fülle belegen und zu Dreiecken zusammenschlagen, Teigränder fest zusammendrücken.
- Die Topfentascherln in siedendes Salzwasser geben und 8-10 Minuten ziehen lassen.
- Butter in einer Pfanne heiß werden lassen und die Semmelbrösel darin rösten.
- Die Topfentascherln mit einem Schaumlöffel aus dem Wasser heben und abtropfen lassen, anschließend in den gerösteten Semmelbröseln wenden, auf Tellern anrichten und mit Staubzucker bestreuen.

Zubereitungszeit ca. 80 Minuten
Wartezeit ca. 45 Minuten

Topfenriebler mit Holundermus

Schokoladenauflauf

Zutaten für 4–6 Portionen
120 g Kochschokolade
500 ml Milch
80 g Staubzucker
80 g Butter
130 g Mehl
1/2 P. Backpulver
5 Eier
200 g Topfen
Butter für die Form
Schokoladeraspel zum Bestreuen

- Die Schokolade fein schneiden, die Milch in einen Topf geben und erhitzen, Staubzucker, Schokolade und Butter unterrühren.
- Das Mehl mit dem Backpulver versieben und mit dem Schneebesen in die Milch einrühren, 2 Minuten unter ständigem Rühren kochen lassen, anschließend auskühlen lassen.
- Die Eier trennen und die Eidotter unter die erkaltete Schokoladenmasse rühren, den Topfen untermengen, die Eiklar steif schlagen und vorsichtig unterheben.
- Eine Auflaufform ausbuttern, die Auflaufmasse einfüllen und im Backofen bei 160 °C ca. 1 Stunde backen.
- Den Schokoladenauflauf portionsweise auf Tellern anrichten und mit Schokoraspeln bestreut servieren.

Zubereitungszeit ca. 75 Minuten
Wartezeit ca. 30 Minuten

Topfenauflauf

mit Schokoladensauce

Zutaten für 8 Portionen
4 altbackene Semmeln
250 ml Milch
4 Eier
120 g Butter
140 g Zucker
500 g Topfen
250 ml Obers
50 g Rosinen
abgeriebene Schale von 1 Bio-Zitrone

Butter für die Form

Schokoladensauce
1/2 P. Schokoladenpudding
500 ml Milch
80 g Zucker
1 EL Rum

- Die Semmeln in Milch einweichen, Eier trennen, Eidotter mit Butter und Zucker sehr schaumig rühren, Topfen, Obers und gewaschene Rosinen unterrühren.
- Die eingeweichten Semmeln fest ausdrücken und zerkleinern, danach unter die Masse rühren.
- Die Eiklar steif schlagen und zusammen mit der abgeriebenen Zitronenschale vorsichtig unterheben.
- Eine Auflaufform ausbuttern, die Masse einfüllen und im Backofen bei 160 °C ca. 1 Stunde backen.
- Für die Schokoladensauce den Pudding in 4 Esslöffeln Milch glatt rühren, die restliche Milch in einen Topf geben, den Zucker hinzufügen und zum Kochen bringen, die Puddingmasse darin einrühren und kurz aufkochen lassen.
- Den Topf von der Herdplatte nehmen und den Rum unterrühren.
- Die Sauce 2 Stunden auskühlen lassen und mehrmals umrühren, damit sich keine Haut bildet.
- Den Topfenauflauf portionsweise mit der Schokoladensauce auf Tellern anrichten und servieren.

Zubereitungszeit ca. 75 Minuten
Wartezeit ca. 30 Minuten

■ Tipp:
Statt der Schokoladensauce kann man den Topfenauflauf auch mit Vanillesauce servieren.

Schokoladenauflauf

Weinkoch

Zutaten für 4 Portionen
2 Eier
120 g Butter
120 g Zucker
200 g Semmelbrösel
80 ml Weißwein
100 g geriebene Mandeln
abgeriebene Schale von 1 Bio-Orange
2 Oblatenblätter (24 cm Durchmesser)
100 g Ribiselmarmelade

Butter für die Form

250 ml Rotwein
1 Zimtstange
80 g Zucker

- Die Eier trennen, Eidotter mit Butter und Zucker schaumig rühren, die Semmelbrösel mit Weißwein vermischen und zur Dottermasse geben, geriebene Mandeln und abgeriebene Orangenschale unterrühren.
- Die Eiklar steif schlagen und vorsichtig unter die Masse heben.
- Eine Auflaufform ausbuttern und die Hälfte der Masse einfüllen, die Oblatenblätter darauflegen und mit Marmelade bestreichen.
- Anschließend die zweite Hälfte der Masse in die Auflaufform füllen und im Backofen bei 160 °C ca. 45 Minuten backen.
- Rotwein mit Zimtstange und Zucker erhitzen, 10 Minuten ziehen lassen, danach die Zimtstange herausnehmen.
- Weinkoch auf Tellern anrichten, mit etwas Glühwein übergießen und servieren.

Zubereitungszeit ca. 70 Minuten

Cherry-Brandy-Auflauf

Zutaten für 4–6 Portionen
400 ml Milch
120 g Zucker
100 g Butter
120 g Mehl
2 P. Vanillezucker
5 Eier

120 g Biskotten
100 ml Cherry Brandy

Butter für die Form
Staubzucker zum Bestreuen

- Die Milch in einen Topf geben und erwärmen, Zucker und Butter in die warme Milch einrühren.
- Das Mehl und den Vanillezucker dazugeben, mit einem Schneebesen unter ständigem Rühren aufkochen und weitere 2 Minuten kochen lassen, danach die Auflaufmasse auskühlen lassen.
- Die Eier trennen und die Eidotter unter die ausgekühlte Auflaufmasse rühren, die Eiklar steif schlagen und vorsichtig unter die Auflaufmasse heben.
- Eine Auflaufform ausbuttern, die Hälfte der Auflaufmasse einfüllen.
- Die Biskotten in Cherry Brandy tränken und auf die Auflaufmasse legen, dann die zweite Hälfte der Auflaufmasse darüber verteilen.
- Im Backofen bei 160 °C ca. 45 Minuten backen, danach halb auskühlen lassen.
- Den Auflauf noch lauwarm auf Tellern anrichten und mit Staubzucker bestreuen.

Zubereitungszeit ca. 60 Minuten
Wartezeit ca. 30 Minuten

Grießauflauf mit Mandeln

Zutaten für 4 Portionen
120 ml Wasser
130 g Zucker
80 g Butter
130 g Grieß
2 TL Zimt
80 g geriebene Mandeln
20 g Mandelsplitter

- Das Wasser in einem Topf erhitzen, Zucker zugeben und 10 Minuten köcheln lassen.
- Butter in einem Topf zergehen lassen, Grieß und 1 Teelöffel Zimt darin 5 Minuten rösten, danach die geriebenen Mandeln unterrühren und so lange rühren, bis die Masse goldgelb ist. Den Zuckersirup dazugeben und kräftig unterrühren.
- Den Topf von der Herdplatte ziehen und die Masse 15 Minuten ausquellen lassen.
- Die heiße Masse fest in eine niedere Auflaufform drücken, die Mandelsplitter darübergeben und mit dem restlichen Zimt bestreuen.
- Grießkoch auskühlen lassen, in Stücke schneiden und servieren.

Zubereitungszeit ca. 40 Minuten
Wartezeit ca. 40 Minuten

■ **Tipp:**
Statt geriebenen Mandeln kann man auch geriebene Haselnüsse verwenden.

„Gerstl"-Auflauf mit Rosinen

Zutaten für 4 Portionen
„Gerstln"
150 g Mehl
1 Ei
1 Prise Salz
1 EL Wasser

Auflauf
400 ml Milch
1 Prise Salz
100 g Butter
120 g Zucker
4 Eier
80 g Rosinen
1 P. Vanillezucker
abgeriebene Schale von
1 Bio-Zitrone

Butter für die Form

- Für die „Gerstln" aus Mehl, Ei, Salz und Wasser einen festen Teig kneten, diesen mit einem groben Reibeisen reiben (dafür muss der Teig wirklich fest sein!) und die entstandenen „Gerstln" 10 Minuten trocknen lassen.
- Für den Auflauf die Milch salzen, die Gerstln in die kochende Milch einrühren und 5 Minuten ziehen lassen, anschließend ausdampfen und abkühlen lassen.
- Butter mit Zucker schaumig rühren, die Eier trennen, Eidotter, Vanillezucker und abgeriebene Zitronenschale dazugeben und glatt verrühren.
- Die Eiklar steif schlagen, die gewaschenen Rosinen leicht unterheben und unter die Dottermasse rühren.
- Diese Masse zur ausgekühlten Gerstl-Masse geben und alles gut vermischen, danach in eine ausgebutterte Auflaufform geben und im Backofen bei 160 °C ca. 45 Minuten backen.

Zubereitungszeit ca. 70 Minuten
Wartezeit ca. 30 Minuten

Grießauflauf mit Mandeln

Ofenfleck

Zutaten für 4 Portionen
30 g Germ
130 ml lauwarme Milch
250 g Mehl
40 g Zucker
1 Prise Salz
1 Ei
80 g zerlassene Butter

Butter für die Form
Mehl zum Ausarbeiten
50 g zerlassene Butter zum Bestreichen
Staubzucker zum Bestreuen

- Die Germ in 3 Esslöffeln lauwarmer Milch auflösen und mit 1 Esslöffel Mehl anrühren, 15 Minuten gehen lassen.
- Das Mehl in eine Schüssel geben, Zucker, Salz, Ei und zerlassene Butter dazugeben und unterrühren. Zuletzt die aufgegangene Germ hinzufügen und so lange schlagen, bis sich der Teig vom Kochlöffel löst. Mit einem Küchentuch abdecken und 1 Stunde an einem warmen Ort gehen lassen.
- Eine Auflaufform mit Butter ausstreichen. Den Teig auf einer bemehlten Arbeitsfläche 1 cm dick ausrollen und in ca. 6 x 6 cm große Quadtrate schneiden, danach die Teigstücke schuppenförmig in die Auflaufform schichten, mit zerlassener Butter bestreichen und im Backofen bei 200 °C 30 Minuten backen. Anschließend aus dem Backofen nehmen und sofort mit der Gabel zerreißen.
- Den Ofenfleck heiß auf Tellern anrichten, mit Staubzucker bestreuen und mit Kompott nach Wahl servieren.

Zubereitungszeit ca. 60 Minuten
Wartezeit ca. 75 Minuten

Semmelauflauf

Zutaten für 4 Portionen
6 altbackene Semmeln
300 ml Milch
50 g Zucker
4 Eier
50 g Butter
60 g Rosinen

Butter für die Form
etwas Himbeersaft zum Garnieren

- Die Semmeln in dünne Scheiben schneiden, die Milch etwas zuckern und die geschnittenen Semmeln darin einweichen.
- Die Eier trennen und die Eidotter mit Zucker und Butter schaumig rühren, die Dottermasse zu den eingeweichten Semmeln geben und gut vermischen.
- Die Eiklar steif schlagen und zusammen mit den gewaschenen Rosinen vorsichtig unter die Masse heben.
- Die Masse in eine ausgebutterte Auflaufform geben und im Backofen bei 160 °C ca. 45–50 Minuten backen.
- Den Semmelauflauf warm auf Tellern anrichten und mit Himbeersaft beträufelt servieren.

Zubereitungszeit ca. 70 Minuten

Ofenfleck

Nudel-Mohn-Auflauf

Zutaten für 6 Portionen
250 g Bandnudeln
1 Prise Salz
50 g zerlassene Butter
120 ml Milch
120 g geriebener Mohn
3 Eier
60 g Butter
100 g Zucker
1 P. Vanillezucker
1 EL Zimt

Butter für die Form
80 ml Obers und Birnenstücke zum Garnieren

Birnensauce
3 Birnen
60 g Zucker
1 Zimtstange
100 ml Wasser
3 EL Marillenmarmelade

- Die Bandnudeln in siedendes Salzwasser geben und kernig kochen, abseihen, mit kaltem Wasser abschrecken und gut abtropfen lassen. Mit zerlassener Butter, Milch und Mohn vermischen, auskühlen lassen.
- In der Zwischenzeit für die Sauce die Birnen schälen, vierteln und vom Kerngehäuse befreien. Mit Zucker und Zimtstange 15 Minuten in 100 ml Wasser dünsten.
- Birnenstücke aus dem Saft heben und beiseitestellen. Den Saft mit Marillenmarmelade verrühren, anschließend auskühlen lassen.
- Die Eier trennen, Eidotter, Butter, Zucker, Vanillezucker und Zimt schaumig rühren, zu den ausgekühlten Nudeln geben und gut vermischen.
- Die Eiklar steif schlagen und unter die Nudelmasse heben.
- Die Nudelmasse in eine ausgebutterte Springform füllen und im Backofen bei 180 °C 45 Minuten backen.
- Den fertigen Nudelauflauf portionsweise anrichten, mit Birnensauce übergießen und mit Birnenstücken und geschlagenem Obers garnieren.

Zubereitungszeit ca. 80 Minuten

Spaghettitraum

Zutaten für 4 Portionen
300 g Spaghetti
1 Prise Salz
4 Orangen
60 g Butter
80 g Zucker
1/2 Zweig frische Minze

- Die Spaghetti in siedendes Salzwasser geben und „al dente" kochen, danach abseihen, mit kaltem Wasser abschrecken und warm stellen.
- Den Saft von 2 Orangen auspressen, 2 Orangen schälen und filetieren, weiße Haut und Kerne entfernen, danach die Orangenfilets in kleine Stücke schneiden.
- Die Butter in einer Pfanne zergehen lassen, den Zucker darin goldgelb bräunen, mit Orangensaft aufgießen und so lange kochen, bis sich der Zucker aufgelöst hat, danach Orangenstücke und Spaghetti dazugeben und alles gut durchmischen.
- Spaghettitraum auf Tellern anrichten und mit klein gehackter Minze bestreut servieren.

Zubereitungszeit ca. 20 Minuten

Nudeln-Mohn-Auflauf

Kaiser-Franz-Joseph-Reis

Zutaten für 6 Portionen
200 g Rundkornreis
1 Prise Salz
500 ml Milch
50 g Butter
80 g Zucker
2 EL Wasser
Saft von 1 Zitrone und 1 Orange
abgeriebene Schale von
1 Bio-Zitrone
1 EL Rum

Butter für die Form

120 g Marillenmarmelade
3 Eiklar
2 EL Zucker

- Den Reis in Salzwasser 5 Minuten kochen, anschließend abseihen.
- Die Milch kurz aufkochen, den Reis einrühren und unter mehrmaligem Umrühren 20 Minuten dünsten lassen, danach 30 Minuten auskühlen lassen.
- Die Butter in einer beschichteten Pfanne schmelzen lassen, Zucker hinzufügen und bei kleiner Hitze bräunen, mit Wasser ablöschen.
- Zitronen- und Orangensaft dazugeben, abgeriebene Zitronenschale und Rum unterrühren, zuletzt diesen Sirup unter den Reis rühren.
- Eine Auflaufform ausbuttern und die Hälfte der Reismasse einfüllen. Die Hälfte der Marmelade aufstreichen und mit der zweiten Hälfte der Reismasse bedecken, mit der restlichen Marmelade bestreichen.
- Die Eiklar zu steifem Schnee schlagen, auf der Marmelade verteilen, glatt streichen und mit Zucker bestreuen.
- Im Backofen bei 160 °C 45–50 Minuten backen, bis der Schnee leicht Farbe angenommen hat.

Zubereitungszeit ca. 80 Minuten
Wartezeit ca. 30 Minuten

Mandelreis mit Erdbeeren

Zutaten für 4 Portionen
200 g Rundkornreis
250 ml Wasser
1 Prise Salz
1 P. Vanillezucker
250 ml Milch
300 g Erdbeeren
60 g Zucker
80 ml Orangenlikör
250 ml Obers
2 Eiklar
70 g geröstete Mandelsplitter

- Den Reis in Salzwasser kurz aufkochen, bei kleiner Hitze 15 Minuten ausquellen lassen, Vanillezucker und Milch dazugeben und 5 Minuten leicht köcheln lassen, danach den Reis 40 Minuten auskühlen lassen.
- Die Erdbeeren putzen, waschen und vierteln, in eine Schüssel geben und mit 2 Esslöffeln Zucker und Orangenlikör vermischen, anschließend ziehen lassen.
- Obers und Eiklar steif schlagen und unter den ausgekühlten Reis rühren, restlichen Zucker und geröstete Mandelsplitter unterrühren.
- Den Mandelreis in tiefen Tellern anrichten, die Erdbeeren darauf gefällig verteilen und servieren.

Zubereitungszeit ca. 40 Minuten
Wartezeit ca. 40 Minuten

Kaiser-Franz-Joseph-Reis

Reisterrine mit Himbeeren

Zutaten für 4 Portionen
200 g Rundkornreis
500 ml Milch
1 Prise Salz
300 g Himbeeren
80 g Zucker
2 EL Rum
250 g Topfen
Saft von 1 Zitrone
1 P. Vanillezucker
5 Blatt Gelatine

- Den Reis in die kochende gesalzene Milch einrühren und 20 Minuten bei sehr kleiner Hitze ausquellen lassen, danach den Reis auskühlen lassen.
- Die Himbeeren verlesen, die Hälfte zum Garnieren und Belegen zurückbehalten, den Rest mit 1 EL Zucker und dem Rum pürieren.
- Den Topfen mit Zitronensaft, dem restlichen Zucker und Vanillezucker glatt rühren und unter den ausgekühlten Reis rühren.
- Die Gelatine in kaltem Wasser einweichen, ausdrücken und in einem Topf erwärmen, anschließend unter die Reismasse rühren.
- Eine Kastenform kalt ausspülen und die Hälfte der Reismasse einfüllen, mit der Hälfte der zurückbehaltenen Himbeeren belegen und mit der zweiten Hälfte der Reismasse bedecken.
- Die Kastenform in den Kühlschrank stellen und die Masse 2 Stunden stocken lassen, danach auf eine Platte stürzen, in Scheiben schneiden und mit den pürierten Himbeeren anrichten.
- Mit den restlichen Himbeeren garniert servieren.

Zubereitungszeit ca. 40 Minuten
Wartezeit ca. 2 Stunden, 40 Minuten

Heidelbeerschmarren

Zutaten für 4 Portionen
5 Eier
1 Prise Salz
100 g Zucker
200 g Mehl
250 ml Milch
500 g Heidelbeeren
120 g Butter

Staubzucker zum Bestreuen

- Die Eier trennen, Eidotter, Salz und Zucker schaumig rühren, das Mehl und die Milch unterrühren, die Eiklar steif schlagen.
- Die Heidelbeeren putzen, waschen, trocken tupfen und unter den Teig rühren, zuletzt den Eischnee unterheben.
- Für den Schmarren die Hälfte der Butter in einer Pfanne heiß werden lassen, die Hälfte des Teiges eingießen und beidseitig backen, anschließend mit zwei Gabeln in Stücke reißen, warm stellen und den Vorgang mit der zweiten Hälfte des Teiges wiederholen.
- Heidelbeerschmarren auf Tellern anrichten und mit Staubzucker bestreut servieren.

Zubereitungszeit ca. 25 Minuten

Reisterrine mit Himbeeren

Reisschmarren

Zutaten für 6 Portionen
250 g Rundkornreis
750 ml Milch
80 g Butter
1 Prise Salz
80 g Zucker

200 g Kirschen
120 g Butter
Staubzucker zum Bestreuen

- Den Reis 5 Minuten in Salzwasser kochen, anschließend abseihen.
- Milch, Butter, Salz und Zucker aufkochen lassen, den Reis einrühren und unter mehrmaligem Umrühren 20 Minuten leicht köcheln lassen, danach den Reis halb auskühlen lassen.
- In der Zwischenzeit die Kirschen waschen und entsteinen, danach unter den Reis mischen.
- Die Hälfte der Butter in einer Pfanne heiß werden lassen, die Hälfte der Reismasse in die Pfanne geben und beidseitig goldbraun backen, anschließend mit zwei Gabeln in Stücke reißen, warm stellen und den Vorgang mit der zweiten Hälfte der Reismasse wiederholen.
- Den Reisschmarren auf Tellern anrichten und mit Staubzucker bestreuen.

Zubereitungszeit ca. 40 Minuten

Eierlikörschmarren

Zutaten für 4 Portionen
5 Eier
80 g Zucker
120 ml Eierlikör
1 Prise Salz
60 g Rosinen
2 EL Rum
250 g Mehl
130 ml Milch
80 g Staubzucker

- Die Eier trennen, Eidotter, Zucker und Eierlikör schaumig schlagen, Salz, gewaschene Rosinen und Rum unterrühren.
- Das Mehl und die Milch dazugeben und zu einem glatten Teig verrühren, die Eiklar steif schlagen und unter die Teigmasse ziehen.
- Die Hälfte der Butter in einer Pfanne zergehen lassen, die Hälfte des Teiges eingießen und auf kleiner Flamme auf beiden Seiten goldbraun backen.
- Anschließend mit zwei Gabeln in Stücke reißen, warm stellen und den Vorgang mit der zweiten Hälfte des Teiges wiederholen.
- Den Schmarren heiß auf Tellern anrichten und mit Staubzucker bestreuen.

Zubereitungszeit ca. 30 Minuten

Reisschmarren

Polenta mit Mandelhaube

Zutaten für 6 Portionen
Polenta
200 g Polenta
1 l Wasser
1 Prise Salz
3 EL Honig
2 Eier

Butter für die Form
Kompott nach Wahl

Mandelhaube
80 g Butter
150 g Mandelsplitter
2 EL Honig

- Die Polenta in kochendes Salzwasser einrühren und 5 Minuten unter Rühren kochen lassen, danach die Polenta zugedeckt auf kleinster Flamme ausquellen lassen.
- Den Topf von der Herdplatte nehmen, Honig und Eier unterrühren, eine Auflaufform ausbuttern und die Polenta einfüllen.
- Für die Mandelhaube die Butter in einer Pfanne zergehen lassen, Mandelsplitter und Honig darin kurz andünsten, danach über die Polenta verteilen und im Backofen bei 180 °C 25-30 Minuten backen.
- Polenta mit Mandelhaube portionieren, heiß auf Tellern anrichten und mit Kompott nach Wahl servieren.

Zubereitungszeit ca. 50 Minuten

„Türken*-Wirler"

Zutaten für 6 Portionen
500 g Polenta
500 ml Milch
4 Äpfel
1 Prise Salz
100 g Zucker
150 g Butter

Staubzucker zum Bestreuen
oder
Marmelade zum Bestreichen

* Mais wurde früher in einigen Bundesländern im Dialekt auch als „Türken" bezeichnet

- Die Polenta mit kochender Milch übergießen, 2 Stunden ziehen lassen.
- Die Äpfel schälen, vierteln und vom Kerngehäuse befreien, danach klein raspeln und zusammen mit dem Salz und dem Zucker unter die Polentamasse mischen.
- Die Butter in einer Pfanne heiß werden lassen und die Polenta darin beidseitig goldbraun rösten, anschließend mit zwei Gabeln in Stücke reißen und nochmals gut durchrösten.
- Den „Türken-Wirler" auf Tellern anrichten und wahlweise mit Staubzucker bestreuen oder mit Marmelade bestreichen.

Zubereitungszeit ca. 20 Minuten
Wartezeit ca. 2 Stunden

Polenta mit Mandelhaube

Apfelschaber

Zutaten für 6 Portionen
4 Eier
120 g Butter
100 g Zucker
1 P. Vanillezucker
2 EL Rum
1 TL Zimt
200 g Grieß
500 ml Sauerrahm
4 Äpfel
40 g Zucker
1 TL Zimt

Butter für die Form
Staubzucker zum Bestreuen

- Die Eier trennen, Eidotter, Butter, Zucker, Vanillezucker, Rum und Zimt schaumig rühren, Grieß und Sauerrahm unterrühren.
- Die Eiklar steif schlagen und vorsichtig unter die Masse heben.
- Die Äpfel schälen, vierteln und vom Kerngehäuse befreien, anschließend klein reiben.
- Eine Auflaufform ausbuttern, die Masse daumendick einfüllen und mit den geriebenen Äpfeln belegen. Mit Zucker-Zimt-Gemisch bestreuen und im Backofen bei 160 °C 40 Minuten backen.
- Den Apfelschaber aus dem Backofen nehmen und mit Staubzucker bestreuen. Heiß servieren.

Zubereitungszeit ca. 1 Stunde

Apfelküchlein

mit Zitronenjoghurt

Zutaten für 16 Stück
200 g Mehl
20 g Germ
30 g Zucker
abgeriebene Schale von
1 Bio-Zitrone
1 Prise Salz
200 ml lauwarme Milch
2 Eier
500 g Äpfel

250 ml Öl zum Ausbacken
Staubzucker zum Bestreuen

Zitronenjoghurt
250 ml Sauerrahm
200 ml Naturjoghurt
abgeriebene Schale von
1 Bio-Zitrone
80 g Staubzucker
1 TL Zimt

- Aus Mehl, zerbröselter Germ, Zucker, abgeriebener Zitronenschale, Salz, lauwarmer Milch und den Eiern einen Teig rühren, mit einem Küchentuch abdecken und 30 Minuten gehen lassen.
- Die Äpfel schälen, vierteln und vom Kerngehäuse befreien, danach kleinwürfelig schneiden und unter den Teig rühren, nochmals 15 Minuten gehen lassen.
- Für das Zitronenjoghurt aus Sauerrahm, Joghurt, abgeriebener Zitronenschale, Staubzucker und Zimt eine Creme rühren.
- Mit einem Löffel vom Teig Portionen abstechen und in einer Pfanne mit heißem Öl beidseitig ausbacken (reicht für ca. 16 Küchlein).
- Die Apfelküchlein mit Staubzucker bestreuen und heiß mit Zitronenjoghurt servieren.

Zubereitungszeit ca. 40 Minuten
Wartezeit ca. 30 Minuten

Apfelschaber

Apfelkrapfen

Zutaten für 12 Stück
30 g Germ
100 ml Milch
200 g Mehl
3 EL Zucker
3 Eier
100 g zerlassene Butter
1 Prise Salz
Mehl zum Ausarbeiten

250 ml Öl zum Ausbacken
Staubzucker zum Bestreuen

Fülle
200 g Topfen
2 Äpfel
80 g Zucker
abgeriebene Schale von
1 Bio-Zitrone

- Die Germ in 2 Esslöffeln lauwarmer Milch auflösen und mit 1 Esslöffel Mehl anrühren, 15 Minuten gehen lassen.
- Das Mehl in eine Schüssel geben und mit der aufgegangenen Germ vermischen.
- Zucker, Eier, zerlassene Butter, Salz und lauwarme Milch unterrühren und mit dem Kochlöffel so lange schlagen, bis sich der Teig vom Kochlöffel löst, mit einem Küchentuch abdecken und 1 Stunde an einem warmen Ort gehen lassen.
- In der Zwischenzeit für die Fülle den Topfen in eine Schüssel geben, die Äpfel schälen, vierteln und vom Kerngehäuse befreien, danach fein raspeln und zum Topfen geben. Den Zucker und die abgeriebene Zitronenschale dazugeben und alles gut vermischen.
- Den Teig auf einer bemehlten Arbeitsfläche ca. 2 cm dick ausrollen und in ca. 8 x 8 cm große Quadrate schneiden.
- Mit Fülle belegen und zu Dreiecken zusammenschlagen, Teigränder fest zusammendrücken.
- Das Öl in einer Pfanne erhitzen und die Apfelkrapfen darin beidseitig ausbacken.
- Die Apfelkrapfen heiß auf Tellern anrichten und mit Staubzucker bestreut servieren.

Zubereitungszeit ca. 45 Minuten
Wartezeit ca. 45 Minuten

Birnenfladen

Zutaten für 6 Portionen
200 g Mehl
500 ml Milch
4 Eier
60 g Zucker
1 Prise Salz
800 g Birnen
1 EL Zitronensaft
Staubzucker zum Bestreuen

- Aus Mehl, Milch, Eiern, Zucker und Salz einen flaumigen Teig rühren.
- Die Birnen schälen, vierteln und vom Kerngehäuse befreien, danach in schmale Spalten schneiden und sofort mit Zitronensaft beträufeln.
- Ein Sechstel der Butter in einer Pfanne zergehen lassen, ein Sechstel des Teiges eingießen und ein Sechstel der Apfelspalten darauf verteilen, bei kleiner Hitze langsam backen.
- Sobald die Unterseite goldbraun ist, einen Deckel auf die Pfanne setzen, Deckel festhalten und die Pfanne umdrehen, die Flade mit der Apfelseite vom Deckel in die Pfanne gleiten lassen und weitere 4 Minuten backen.
- Die Flade mit der Apfelseite nach oben auf einen vorgewärmten Teller gleiten lassen und warm stellen. Mit dem restlichen Teig den Vorgang noch fünfmal wiederholen.
- Die Fladen mit Staubzucker bestreut servieren.

Zubereitungszeit ca. 45 Minuten

Apfelkrapfen

Gebackene Erdäpfelpaunzen mit Apfelmus

Zutaten für 6 Portionen

Erdäpfelpaunzen
500 g Erdäpfel
60 g zerlassene Butter
1 Prise Salz
1 Ei
2 EL Grieß
180 g Mehl

Mehl zum Ausarbeiten
200 ml Öl zum Ausbacken
Butter für die Form

Guss
250 ml Milch
2 Eier
60 g Zucker
1 P. Vanillezucker
1 TL Zimt
abgeriebene Schale von 1 Bio-Zitrone

Apfelmus
400 g Äpfel
150 ml Wasser
100 g Zucker
1 Zimtstange

- Die Erdäpfel in siedendem Salzwasser kochen, 30 Minuten auskühlen lassen, danach schälen und durch die Erdäpfelpresse drücken.
- Die Erdäpfelmasse auf eine bemehlte Arbeitsfläche geben und mit Butter, Salz, Ei, Grieß und Mehl zu einem Teig verarbeiten.
- Den Teig in fingerdicke Rollen formen und davon jeweils 4 cm große Stücke abschneiden.
- Das Öl in einer Pfanne erhitzen und die Erdäpfelpaunzen darin goldgelb ausbacken.
- Eine Auflaufform ausbuttern und die Erdäpfelpaunzen hineinschichten.
- Aus Milch, Eiern, Zucker, Vanillezucker, Zimt und der abgeriebenen Zitronenschale einen schaumigen Guss rühren, diesen über die Erdäpfelpaunzen gießen und im Backofen bei 180 °C ca. 20 Minuten backen.
- Für das Apfelmus die Äpfel schälen, vierteln und vom Kerngehäuse befreien.
- In kleine Stücke schneiden und in einen Topf mit Wasser geben, Zucker und Zimtstange dazugeben und zugedeckt 15 Minuten dünsten.
- Die Zimtstange herausnehmen und die gedünsteten Äpfel mit dem Stabmixer pürieren.
- Die fertig gebackenen Paunzen mit dem Apfelmus servieren.

Zubereitungszeit ca. 70 Minuten
Wartezeit ca. 30 Minuten

Gebackene Erdäpfelpaunzen

Gebackene Birnen
mit Brombeersauce

Zutaten für 4 Portionen
2 große Birnen
200 ml Wasser
2 EL Zitronensaft
60 g Zucker
60 g Mehl
2 Eidotter
100 g Semmelbrösel
1 Msp. Zimt

200 ml Öl zum Ausbacken

Brombeersauce
300 g Brombeeren
100 ml Wasser
100 g Staubzucker (nach Belieben auch mehr)

Minzeblätter zum Garnieren

- Birnen schälen, halbieren und vom Kerngehäuse befreien.
- Wasser, Zitronensaft und Zucker in einen Topf geben, Birnenhälften einlegen und ca. 6–8 Minuten köcheln lassen (die Birnen müssen noch knackig sein), danach die Birnenhälften mit einem Schaumlöffel herausheben und auskühlen lassen.
- Je einen Teller mit Mehl, zerschlagenen Eidottern und Brösel-Zimt-Gemisch bereitstellen.
- Die ausgekühlten Birnenhälften zuerst in Mehl, dann in Ei und zuletzt in dem Brösel-Zimt-Gemisch wenden.
- Das Öl in der Pfanne erhitzen und die panierten Birnenhälften darin beidseitig ausbacken.
- Für die Sauce die Brombeeren verlesen, vorsichtig waschen, mit Wasser und Zucker ca. 5 Minuten köcheln lassen, danach mit dem Stabmixer pürieren.
- Die panierten Birnen auf Tellern anrichten, mit der Brombeersauce und mit Minzeblättern garniert servieren.

Zubereitungszeit ca. 30 Minuten

Gebackene Grießnudeln
in Glühwein

Zutaten für 4–6 Portionen
600 ml Milch
1 Prise Salz
200 g Grieß
2 Eier
80 g Mehl

Staubzucker und Zimt zum Bestreuen
Mehl zum Ausarbeiten
250 ml Öl zum Ausbacken

Glühwein
250 ml Rotwein
100 ml Wasser
100 g Zucker
1 Zimtstange

- Die Milch in einen Topf geben, leicht salzen und aufkochen lassen, den Grieß mit einem Schneebesen in die kochende Milch einrühren, 3 Minuten kochen lassen.
- Den Topf vom Herd ziehen und die Eier unterrühren, danach die Grießmasse 30 Minuten auskühlen lassen.
- Mehl zur Grießmasse hinzufügen und auf einer bemehlten Arbeitsfläche gut verkneten.
- Mit bemehlten Händen 4 cm lange, fingerdicke Nudeln formen und diese in heißem Öl goldgelb ausbacken, anschließend warm stellen.
- Für den Glühwein alle Zutaten kurz erhitzen und 5 Minuten ziehen lassen, Zimtrinde herausnehmen.
- Die Nudeln auf Tellern anrichten und mit Staubzucker und Zimt bestreuen. Den Glühwein (zum Begießen der Nudeln) getrennt dazu servieren.

Zubereitungszeit ca. 30 Minuten
Wartezeit ca. 30 Minuten

Gebackene Birnen

Süße Erdäpfel-„Wutzel“

mit besoffenen Marillen

Zutaten für 6 Portionen
500 g Erdäpfel
30 g Germ
4 EL Milch
200 g Mehl
1 Prise Salz
1 EL Zucker
2 Eier

Mehl zum Ausarbeiten
zerlassene Butter für das Backblech

250 ml Milch
50 g Butter
80 g Zucker

Besoffene Marillen
500 g Marillen
50 g Butter
80 g Zucker
120 ml Wasser
120 ml Marillenlikör
1 Zimtstange

- Die Erdäpfel in siedendem Salzwasser kochen, noch warm schälen und durch die Erdäpfelpresse drücken.
- Die Germ in 4 Esslöffeln lauwarmer Milch auflösen und mit 2 Esslöffeln Mehl anrühren, 15 Minuten gehen lassen.
- Die passierten Erdäpfel auf einer bemehlten Arbeitsfläche mit Mehl, aufgegangener Germ, Salz, Zucker, Milch und Eiern zu einem Teig verkneten und mit bemehlten Händen 4 cm lange fingerdicke „Wutzel“ aus dem Teig formen.
- Das Backblech mit zerlassener Butter bestreichen und die „Wutzel“ darauflegen. Mit einem Küchentuch abdecken und 20 Minuten gehen lassen, danach in den Backofen geben und bei 160 °C 20 Minuten goldbraun backen.
- Milch, Butter und Zucker in einer Pfanne aufkochen lassen. Die Erdäpfel-„Wutzel“ hineingeben und zugedeckt so lange ziehen lassen, bis die gesamte Flüssigkeit aufgesogen ist.
- Für die besoffenen Marillen die Marillen häuten, halbieren und entsteinen, Butter in einer Pfanne heiß werden lassen, den Zucker dazugeben und goldbraun rösten. Mit Wasser und Likör aufgießen und so lange köcheln lassen, bis sich der Zucker aufgelöst hat.
- Marillen und Zimtstange hinzufügen und weitere 5 Minuten köcheln lassen, danach die Zimtstange entfernen und das Kompott auskühlen lassen.
- In Schälchen füllen und zu den Erdäpfel-„Wutzeln“ servieren.

Zubereitungszeit ca. 75 Minuten
Wartezeit ca. 35 Minuten

Süße Erdäpfel-Wutzel

Topfenblatteln

Zutaten für 4 Portionen
250 g Topfen
2 Eier
1 Prise Salz
200 g Mehl

Mehl zum Ausarbeiten
250 ml Öl zum Ausbacken
Staubzucker zum Bestreuen

- Aus Topfen, Eiern, Salz und Mehl einen Teig kneten, diesen 30 Minuten rasten lassen.
- Auf einer bemehlten Arbeitsfläche den Teig 3 cm dick ausrollen und in ca. 4 x 4 cm große Quadrate schneiden.
- Das Öl in einer großen Pfanne erhitzen, die Blatteln darin goldbraun ausbacken.
- Noch heiß mit Staubzucker bestreuen und mit Kompott nach Wahl servieren.

Zubereitungszeit ca. 20 Minuten
Wartezeit ca. 30 Minuten

■ Tipp:
Zu Topfenblatteln kann man auch Sauerkraut reichen. Den Teig in diesem Fall noch mit 1 Teelöffel zerstoßenem Kümmel abschmecken.

Oberländer Polsterzipfel

Zutaten für ca. 10 Stück
300 g Mehl
1 Prise Salz
50 g Butter
2 Eier
1 EL Rum
ca. 80 ml Milch
120 g Preiselbeermarmelade

Mehl zum Ausarbeiten
1 Eiklar zum Bestreichen
300 ml Öl zum Ausbacken
Staubzucker zum Bestreuen

- Das Mehl auf eine Arbeitsfläche geben, Salz, Butter, Eier, Rum und Milch unter das Mehl mengen und zu einem geschmeidigen Teig kneten, diesen 30 Minuten rasten lassen.
- Den Teig auf einer bemehlten Arbeitsfläche 5 mm dick ausrollen und in ca. 10 Quadrate (etwa 5 x 5 cm groß) schneiden.
- Auf jedes Quadrat einen Klecks Marmelade setzen, die Teigränder mit verquirltem Eiklar bestreichen und zu Dreiecken zusammenschlagen, Teigränder fest zusammendrücken.
- Das Öl in einer Pfanne heiß werden lassen und die Polsterzipfel darin goldbraun ausbacken, danach auskühlen lassen und mit Staubzucker bestreut servieren.

Zubereitungszeit ca. 40 Minuten
Wartezeit ca. 30 Minuten

Topfenblatteln

Gefüllte Semmeln

Zutaten für 4 Portionen
4 altbackene runde Semmeln
2 Äpfel
150 g Zucker
80 ml Wasser

3 Eier
250 ml Rotwein
200 g Semmelbrösel

300 ml Öl zum Ausbacken

- Die Semmeln in der Mitte durchschneiden und aushöhlen, die Äpfel schälen und klein schneiden.
- Den Zucker in das Wasser einrühren, Apfelstückchen dazugeben und weich dünsten, auskühlen lassen.
- Je eine Semmelhälfte damit füllen, die zweite Semmelhälfte als Deckel darauflegen.
- Eier und Wein gut verquirlen, die gefüllten Semmeln darin eintauchen und anschließend in den Semmelbröseln wälzen.
- Das Öl in einer Pfanne erhitzen und die panierten Semmeln darin beidseitig goldbraun ausbacken.

Zubereitungszeit ca. 30 Minuten

Gefüllte Germkrapfen

in Milch getunkt

Zutaten für 6 Portionen
40 g Germ
200 ml lauwarme Milch
500 g Mehl
1 Prise Salz
3 EL Öl
2 Eier
80 g Zucker
150 g Marillenmarmelade

Mehl zum Ausarbeiten
400 ml Öl zum Ausbacken

400 ml Milch
50 g Zucker
1 P. Vanillezucker

- Die Germ in 5 Esslöffeln lauwarmer Milch auflösen und mit 2 Esslöffeln Mehl anrühren, 15 Minuten gehen lassen.
- Das restliche Mehl in eine große Schüssel geben, mit der aufgegangenen Germ und etwas Salz vermischen. Öl, Eier, die restliche lauwarme Milch und Zucker dazugeben. Mit dem Kochlöffel so lange schlagen, bis sich der Teig vom Kochlöffel löst.
- Teig mit einem Küchentuch abdecken und 2 Stunden an einem warmen Ort gehen lassen.
- Vom Teig kleine Stücke abstechen, auf eine bemehlte Arbeitsfläche geben und auseinanderziehen, in die Mitte jeweils 1 Esslöffel Marmelade setzen und den Teig zusammenklappen.
- Das Öl in einer großen Pfanne erhitzen und die Germkrapfen darin beidseitig ausbacken.
- Die Milch in einen Topf geben, Zucker und Vanillezucker unterrühren und aufkochen lassen.
- Die gebackenen Germkrapfen hineinlegen und zugedeckt kurz ziehen lassen.
- Die in Milch getunkten Germkrapfen auf Tellern anrichten und heiß servieren.

Zubereitungszeit ca. 45 Minuten
Wartezeit ca. 2 Stunden, 15 Minuten

Gefüllte Semmeln

Klosterknödel

Zutaten für 6–8 Portionen
40 g Germ
200 ml lauwarme Milch
400 g Mehl
1 Prise Salz
100 g zerlassene Butter
2 Eier
100 g Zucker
abgeriebene Schale von
1 Bio-Zitrone
200 g Hagebuttenmarmelade

Mehl für die Arbeitsfläche

100 g Zucker
100 g geriebene Nüsse
50 g gebräunte Butter

- Die Germ in 4 Esslöffeln lauwarmer Milch auflösen und mit 1 Esslöffel Mehl anrühren, 15 Minuten gehen lassen.
- Das restliche Mehl in eine große Schüssel geben, mit der aufgegangenen Germ und etwas Salz vermischen, zerlassene Butter, Eier, die restliche lauwarme Milch, Zucker und abgeriebene Zitronenschale untermischen und mit dem Kochlöffel so lange schlagen, bis sich der Teig vom Kochlöffel löst.
- Teig mit einem Küchentuch abdecken und 1 Stunde an einem warmen Ort gehen lassen.
- Vom Teig kleine Stücke abstechen, auf eine bemehlte Arbeitsfläche geben und auseinanderziehen, jeweils mit 1 Esslöffel Hagebuttenmarmelade füllen und Knödel formen, anschließend mit einem Küchentuch abdecken und 15 Minuten gehen lassen.
- Die Knödel in kochendes Salzwasser geben und so lange leicht köcheln lassen, bis sie an der Oberfläche schwimmen. Danach umdrehen und 15 Minuten ziehen lassen. Mehrmals mit einer Nadel einstechen – erst wenn kein Teig mehr daran kleben bleibt, sind die Knödel durch.
- Die Knödel mit einem Schaumlöffel herausheben und gut abtropfen lassen.
- Auf Tellern anrichten, mit dem Nuss-Zucker-Gemisch bestreuen und mit gebräunter Butter übergießen.

Zubereitungszeit ca. 30 Minuten
Wartezeit ca. 90 Minuten

■ Tipp:
Statt Hagebuttenmarmelade kann jede beliebige Marmeladesorte verwendet werden. Sehr gut schmeckt z. B. Orangenmarmelade.

Klosterknödel

Grießknödel
mit Schokoladenstreuseln

Zutaten für 6–8 Portionen
750 ml Milch
1 Prise Salz
80 g Zucker
150 g Grieß
2 Eier
60 g Rosinen
4 EL Mehl
80 g zerlassene Butter
100 g Schokoladenstreusel

- Die Milch in einem Topf mit Salz und Zucker aufkochen, den Grieß einrühren und 2 Minuten kochen lassen, Topf von der Herdplatte nehmen, die Eier und die gewaschenen Rosinen unterrühren, anschließend die Masse 30 Minuten auskühlen lassen.
- Das Mehl unter die Masse mengen und kleine Knödel formen, diese in siedendes Salzwasser geben und 20 Minuten leicht köcheln lassen.
- Die Grießknödel mit einem Schaumlöffel herausheben, zerlassene Butter darübergießen und in Schokostreuseln wälzen.

Zubereitungszeit ca. 30 Minuten
Wartezeit ca. 30 Minuten

Polentasterz
mit Heidelbeersauce

Zutaten für 6 Portionen
1 1/4 l Wasser
1 Prise Salz
300 g Polenta
160 g Butter
2 Eier

Staubzucker zum Bestreuen

Heidelbeersauce
200 g Heidelbeeren
80 g Staubzucker
1 P. Vanillezucker
1 Zimtstange

- Das Wasser salzen und zum Kochen bringen, die Polenta mit einem Kochlöffel einrühren und so lange unter ständigem Rühren kochen, bis sich die Masse vom Kochtopf löst.
- 60 g Butter und die Eier unter die heiße Masse rühren, 2 Stunden auskühlen lassen.
- Für die Heidelbeersauce die Heidelbeeren waschen und in einen Topf geben, Staubzucker und Vanillezucker unterrühren, die Zimtstange dazugeben und die Sauce 3 Minuten leicht köcheln, danach auskühlen lassen.
- Für den Sterz die restliche Butter in der Pfanne heiß werden lassen, die Polenta hineingeben, in kleine Stücke reißen und goldgelb durchrösten.
- Den Polentasterz auf Tellern anrichten, mit Staubzucker bestreuen und mit Heidelbeersauce servieren.

Zubereitungszeit ca. 20 Minuten
Wartezeit ca. 2 Stunden

Grießknödel mit Schokoladenstreusel

Apfelknödel

Zutaten für 8 Knödel
300 g Mehl
1 Prise Salz
3 Eier
abgeriebene Schale von 1 Bio-Zitrone
100 ml Wasser
80 g zerlassene Butter
4 Äpfel

50 g gebräunte Butter
80 g Staubzucker
1 TL Zimt zum Bestreuen

- Aus Mehl Salz, Eiern, abgeriebener Zitronenschale, Wasser und zerlassener Butter einen Teig rühren.
- Die Äpfel schälen, vierteln und vom Kerngehäuse befreien, in kleine Stücke schneiden und sofort unter den Teig heben.
- Daraus Knödel formen und diese in siedendem Salzwasser 15 Minuten leicht köcheln lassen.
- Die Knödel mit einem Schaumlöffel herausheben und abtropfen lassen, auf Tellern anrichten und mit gebräunter Butter übergießen.
- Mit Staubzucker und Zimt bestreuen und servieren.

Zubereitungszeit ca. 30 Minuten

Buchweizensterz

Zutaten für 6 Personen
1 l Wasser
1 Prise Salz
250 g Buchweizenmehl
200 g Kirschen
60 g Butter
100 g Butter

Staubzucker und Zimt zum Bestreuen

- Wasser salzen und zum Kochen bringen, das Buchweizenmehl mit dem Schneebesen einrühren und zugedeckt 12 Minuten leicht köcheln lassen, 1 Stunde auskühlen lassen.
- Die Kirschen waschen und entsteinen.
- Die Butter in einer Pfanne erhitzen, den Sterz dazugeben und mit einer Gabel in Stücke reißen, die Kirschen untermengen und den Sterz gut durchrösten.
- Auf Tellern anrichten und mit Staubzucker und Zimt bestreuen.

Zubereitungszeit ca. 25 Minuten
Wartezeit ca. 1 Stunde

Apfelknödel

Mohnknödel
mit Mandelsplittern

Zutaten für 10 Knödel

Teig
250 g Topfen
250 g Mehl
1 Ei
1 Prise Salz

Mehl zum Ausarbeiten

Fülle
125 ml Milch
250 g geriebener Mohn
80 g Zucker
1 P. Vanillezucker
1 TL Zimt
60 g Rosinen
80 g Butter

60 g Butter
120 g Mandelsplitter

- Aus Topfen, Mehl, Ei und Salz einen Teig kneten, diesen 30 Minuten rasten lassen.
- In der Zwischenzeit für die Fülle die Milch in einen Topf geben und erhitzen, den Mohn einrühren und Zucker, Vanillezucker, Zimt sowie die gewaschenen Rosinen dazugeben und 3 Minuten kochen lassen, anschließend die Mohnfülle 10 Minuten auskühlen lassen.
- Den Teig auf einer bemehlten Arbeitsfläche ausrollen und in 10 etwa 4 x 4 cm große Quadrate schneiden.
- In die Mitte jeweils 1 EL Mohnfülle setzen, diese mit dem Teig umhüllen und Knödel formen.
- Die Knödel in siedendem Salzwasser ca. 20 Minuten leicht köcheln lassen, danach mit einem Schaumlöffel herausheben und abtropfen lassen.
- Butter in einer Pfanne heiß werden lassen, die Mandelsplitter darin goldgelb anrösten.
- Die Knödel in den gerösteten Mandelsplittern wälzen, auf Tellern anrichten und servieren.

Zubereitungszeit ca. 45 Minuten

Mohnknödel mit Mandelsplitter

Grießstrudel
mit Zwetschkenröster

Zutaten für 6–8 Portionen

Teig
250 g Mehl
1 Prise Salz
125 ml Milch
2 EL Öl
1 Ei

Mehl zum Ausarbeiten
50 g Butter
100 g Semmelbrösel

Fülle
100 g Butter
1 Prise Salz
4 Eier
120 g Zucker
250 ml Obers
200 g Grieß

Zwetschkenröster
400 g Zwetschken
200 ml Wasser
100 g Zucker
1 Zimtstange

- Aus Mehl, Salz, Milch, Öl und Ei einen Teig kneten, diesen 30 Minuten rasten lassen.
- Für die Fülle Butter, Salz, Eier und Zucker schaumig schlagen, das Obers steif schlagen und unter die Masse rühren, zuletzt den Grieß dazugeben und unterrühren.
- Den Teig auf einer bemehlten Arbeitsfläche dünn ausrollen. Die Fülle darauf verteilen, einrollen und 8 cm große Stücke abschneiden.
- Die Schnittflächen gut zusammendrücken und in kochendem Salzwasser auf einer Seite 10 Minuten ziehen lassen, wenden und nochmals 10 Minuten ziehen lassen.
- In der Zwischenzeit für den Zwetschkenröster die Zwetschken waschen, halbieren und entsteinen, anschließend die Zwetschken in einen Topf geben, Wasser, Zucker und Zimtstange dazugeben und kurz aufkochen lassen, weitere 10 Minuten leicht köcheln lassen.
- Die Butter in einer Pfanne erhitzen, die Semmelbrösel darin unter Rühren anrösten.
- Die Strudelstücke auf Tellern anrichten, mit den gerösteten Semmelbröseln bestreuen und mit Zwetschkenröster servieren.

Zubereitungszeit ca. 1 Stunde

Grießstrudel mit Zwetschkenröster

Birnenstrudel mit Vanillesauce

Zutaten für 6–8 Portionen
30 g Germ
250 ml lauwarme Milch
250 g Mehl
120 g Butter
2 Eidotter
1 Ei
100 g Zucker
1 Prise Salz

Mehl zum Ausarbeiten
Butter für das Backblech
2 Eidotter zum Bestreichen

Fülle
600 g Birnen
Saft von 1 Zitrone
4 Eier
100 g gemahlene Nüsse
40 g Mehl
1 EL Zimt
130 g Zucker

Vanillesauce
20 g Erdäpfelstärke
750 ml Milch
80 g Zucker
1 P. Vanillezucker
1 EL Rum

- Die Germ in 3 Esslöffeln lauwarmer Milch auflösen und mit 1 Esslöffel Mehl anrühren, 15 Minuten rasten lassen.
- Die Butter mit Eidotter, Ei, Zucker und Salz schaumig rühren, danach das restliche Mehl und die restliche lauwarme Milch unterrühren, zuletzt die aufgelöste Germ dazugeben und mit dem Kochlöffel so lange schlagen, bis sich der Teig vom Kochlöffel löst. Anschließend mit einem Küchentuch abdecken und 1 Stunde an einem warmen Ort gehen lassen.
- Für die Fülle die Birnen schälen, vierteln und vom Kerngehäuse befreien, danach in 1 cm große Stücke schneiden und mit Zitronensaft vermischen.
- Die Eier trennen, Eidotter, gemahlene Nüsse, Mehl, Zimt und Zucker glatt rühren, danach die Eiklar steif schlagen und unter die Eier-Nuss-Masse heben.
- Den Teig auf einer bemehlten Arbeitsfläche 2 cm dick ausrollen, zuerst die Eier-Nuss-Masse, dann die Birnenstücke darauf verteilen, einrollen und auf ein ausgebuttertes Backblech legen.
- Die Eidotter verquirlen, den Strudel damit bestreichen und im Backofen bei 160 °C ca. 40 Minuten backen.
- Für die Vanillesauce die Erdäpfelstärke mit 80 ml kalter Milch anrühren und anschließend in die restliche kochende Milch einrühren, Zucker und Vanillezucker unterrühren.
- Die Sauce von der Herdplatte nehmen und den Rum unterrühren, danach die Sauce auskühlen lassen und mehrmals umrühren, damit sich keine Haut bildet.
- Den Strudel aus dem Backofen nehmen, in Stücke schneiden, noch warm auf Tellern anrichten und mit Vanillesauce servieren.

Zubereitungszeit ca. 70 Minuten
Wartezeit ca. 45 Minuten

Birnenstrudel mit Vanillesauce

Strudelteigröllchen
mit Topfen-Kürbis-Fülle

Zutaten für 8 Stück

Teig
200 g Mehl
125 ml Milch
1 EL Öl
1 EL Weinessig
Salz
1 Eidotter

Mehl zum Ausarbeiten
Öl zum Bestreichen
Butter für die Form

Fülle
300 g Topfen
80 g weiche Butter
Salz
abgeriebene Schale von 1 Bio-Zitrone
1 P. Vanillezucker
120 g Staubzucker
1 TL Zimt
2 Eier
1 kg Kürbis (z. B. Hokkaido- oder Muskatkürbis)

Staubzucker zum Bestreuen

- Das Mehl in eine Schüssel geben, Milch, Öl, Essig, Salz und Eidotter unterrühren und zu einem geschmeidigen Teig kneten.
- Diesen auf eine bemehlte Arbeitsfläche geben und leicht mit Öl bepinseln, mit einem Küchentuch abdecken und 20 Minuten rasten lassen.
- Für die Fülle den Topfen mit weicher Butter schaumig rühren, Salz, geriebene Zitronenschale, Vanillezucker, Staubzucker, Zimt und Eier unterrühren.
- Kürbis schälen, die Kerne entfernen und das Kürbisfleisch in ca. 1 cm große Stücke schneiden.
- Den Teig auf einem bemehlten Küchentuch ausrollen, danach sehr dünn ausziehen, zuerst die Topfenfülle, dann die Kürbisstücke darüber verteilen, Teigränder eine Hand breit frei lassen.
- Den Strudel mithilfe des Küchentuchs einrollen, die Teigenden mit Öl bestreichen und über den Strudel einschlagen und festdrücken.
- Danach den Strudel in ca. 6 cm lange Stücke schneiden, diese in eine ausgebutterte Auflaufform schlichten und im Backofen bei 180 °C ca. 20–30 Minuten backen.
- Die Strudelstücke auf Tellern anrichten und heiß servieren.
- Nach Belieben mit Staubzucker bestreuen.

Zubereitungszeit ca. 50 Minuten

Strudelteigröllchen mit Topfen-Kürbis-Fülle

Süße Pizza

Zutaten für 6 Portionen

Teig
200 g Mehl
90 ml Milch
20 g Germ
2 Eier
60 g zerlassene Butter
Salz
60 g Zucker

Mehl zum Ausarbeiten

Belag
1 Ananas
250 g Topfen
200 ml Sauerrahm
100 g Staubzucker
1 P. Vanillezucker
abgeriebene Schale von 1 Bio-Zitrone
300 g Himbeeren (tiefgekühlt oder frisch)
80 g geriebene Nüsse

Butter für das Backblech

- Das Mehl in eine Schüssel geben und in die Mitte eine Vertiefung machen, die Milch leicht erwärmen, die Germ einrühren, in die Vertiefung gießen und mit etwas Mehl vermischen, 10 Minuten gehen lassen.
- Danach Eier, zerlassene Butter, Salz und Zucker unterrühren und mit einem Kochlöffel so lange schlagen, bis sich der Teig vom Kochlöffel löst, anschließend mit einem Küchentuch abdecken und 30 Minuten an einem warmen Ort gehen lassen.
- Für den Belag die Ananas erst in Scheiben schneiden, dann schälen und den inneren Stunk herausschneiden. Danach die Ananas in kleine Stücke schneiden, in eine Schüssel geben und beiseitestellen.
- Topfen, Sauerrahm, Staubzucker, Vanillezucker und geriebene Zitronenschale schaumig rühren.
- Den Teig in 6 Stücke teilen und diese auf einer bemehlten Arbeitsfläche zu ca. 2 cm dicken runden Fladen ausrollen.
- Die Fladen mit der Topfencreme bestreichen, Ananasstücke und Himbeeren darauf verteilen und zuletzt mit geriebenen Nüssen bestreuen.
- Ein Backblech mit zerlassener Butter bestreichen, die Pizzastücke darauflegen und im vorgeheizten Backofen bei 180 °C 10–15 Minuten backen.
- Pizza auf Tellern anrichten und heiß servieren.

Zubereitungszeit ca. 40 Minuten
Wartezeit ca. 10 Minuten

Süße Pizza

Brandteigkrapfen mit Schokoladenguss

Brandteigkrapfen mit Schokoladenguss

- Wasser, Butter und Salz aufkochen, Mehl hinzufügen und mit dem Kochlöffel so lange rühren, bis sich die Masse von Kochlöffel und Topf löst, 5 Minuten auskühlen lassen.
- Anschließend die Eier nach und nach in die Teigmasse einrühren.
- Ein Backblech mit zerlassener Butter bestreichen, aus der Teigmasse esslöffelgroße Häufchen auf das Backblech setzen, diese im Backofen bei 200 °C 20-30 Minuten backen.
- Die Krapfen noch heiß in der Mitte auseinanderschneiden und auskühlen lassen.
- Für die Fülle das Obers steif schlagen, Zucker und geriebene Schokolade unterrühren.
- Für den Schokoguss Öl und Wasser in einem Topf leicht erwärmen, Zucker und klein gehackte Schokolade dazugeben und schmelzen lassen.
- Die Krapfenhälften mit geschlagenem Schokoladeobers füllen, zusammensetzen und mit Schokoladenguss überziehen.

Zubereitungszeit ca. 50 Minuten
Wartezeit ca. 5 Minuten

■ Tipp:
Man kann die Teigmasse auch in einen Dressiersack füllen und auf das Backblech dressieren.

Zutaten für 16 Krapfen
125 ml Wasser
80 g Butter
1 Prise Salz
125 g Mehl
4 Eier

zerlassene Butter
für das Backblech

Fülle
250 ml Obers
1 EL Zucker
2 EL geriebene Kochschokolade

Schokoladenguss
1 TL Öl
4 EL Wasser
50 g Zucker
150 g klein gehackte
Kochschokolade

Brandteigkrapfen
mit Vanillecreme

Zutaten für 8 Krapfen
125 ml Wasser
125 g Butter
1 Prise Salz
130 g Mehl
5 Eier
1/2 P. Backpulver

zerlassene Butter für das Backblech
1 Ei zum Bestreichen

Vanillecreme
400 ml Milch
2 Eidotter
1 Ei
50 g Erdäpfelstärke
120 g Zucker
1 P. Vanillezucker

Staubzucker zum Bestreuen

- Das Wasser in einen Topf geben, mit Butter und Salz aufkochen, das Mehl einrühren und so lange rühren, bis sich die Masse von Kochlöffel und Topf löst, 5 Minuten auskühlen lassen.
- Die Eier unterrühren, zuletzt mit Backpulver vermischen.
- Das Backblech mit zerlassener Butter bestreichen, die Teigmasse in einen Spritzbeutel füllen und auf das Backblech dressieren. Mit verquirltem Ei bestreichen und im Backofen bei 150 °C ca. 30 Minuten backen.
- Für die Vanillecreme die Milch in einen Topf geben, die Eidotter mit dem Ei verquirlen und in die Milch einrühren.
- Erdäpfelstärke, Zucker und Vanillezucker hinzufügen und unterrühren, einmal aufkochen, danach die Creme 2 Stunden auskühlen lassen.
- Dabei mehrmals umrühren, damit sich keine Haut bildet.
- Die ausgekühlten Krapfen in der Mitte auseinanderschneiden und je eine Hälfte mit Vanillecreme füllen. Zweite Hälfte als Deckel daraufsetzen, auf Tellern anrichten und mit Staubzucker bestreut servieren.

Zubereitungszeit ca. 50 Minuten
Wartezeit ca. 2 Stunden

Schneenockerln
auf Schokoladensauce

Zutaten für 4 Portionen
Nockerln
4 Eiklar
1 Prise Salz
120 g Zucker
400 ml Milch
1 P. Vanillezucker

Schokoladensauce
30 ml Milch
150 g Kochschokolade
4 Eidotter
120 g Zucker

- Für die Schneemasse die Eiklar mit Salz zu steifem Schnee schlagen, den Zucker löffelweise unterschlagen.
- Die Milch mit Vanillezucker aufkochen lassen.
- Aus der Schneemasse mit einem Esslöffel Nockerln ausstechen und in die kochende Milch geben, 2 Minuten ziehen lassen, wenden und nochmals 2 Minuten ziehen lassen.
- Die Nockerln mit einem Schaumlöffel herausheben, auf einen vorgewärmten Teller geben und warm stellen.
- Für die Sauce die Milch in einem Topf erhitzen, die Schokolade darin auflösen.
- Eidotter mit Zucker schaumig rühren, die heiße Schokoladenmasse dazugeben und verrühren.
- Danach die Sauce 20 Minuten auskühlen lassen. Mehrmals umrühren, damit sich keine Haut bildet.
- Die Schokoladensauce auf Tellern verteilen und die Schneenockerln darauf gefällig platzieren.

Zubereitungszeit ca. 30 Minuten
Wartezeit ca. 20 Minuten

Brandteigkrapfen mit Vanillecreme

Bayerische Dalken

Zutaten für 6 Portionen
30 g Germ
250 ml lauwarme Milch
500 g Mehl
1 Prise Salz
4 EL Öl
50 g Zucker
abgeriebene Schale von
1 Bio-Zitrone
3 Eier

Öl zum Ausbacken
200 g Powidl
Staubzucker zum Bestreuen

- Die Germ in 4 Esslöffeln lauwarmer Milch auflösen und mit 2 Esslöffeln Mehl anrühren, 15 Minuten gehen lassen.
- Das Mehl in eine große Schüssel geben, mit der aufgegangenen Germ und etwas Salz vermischen.
- Öl, Zucker, abgeriebene Zitronenschale, Eier und lauwarme Milch dazugeben und mit dem Kochlöffel so lange schlagen, bis sich der Teig vom Kochlöffel löst.
- Teig mit einem Küchentuch abdecken und 2 Stunden an einem warmen Ort gehen lassen.
- Etwas Öl in einer Dalkenpfanne* erhitzen, den Teig löffelweise in die Vertiefungen füllen und auf kleiner Flamme beidseitig goldgelb backen. Den Vorgang so lange wiederholen, bis der Teig aufgebraucht ist.
- Die Dalken noch warm in der Mitte auseinanderschneiden und mit Powidl bestreichen, die Hälften wieder zusammensetzen und mit Staubzucker bestreut servieren.

Zubereitungszeit ca. 30 Minuten
Wartezeit ca. 2 Stunden, 15 Minuten

Dalken sind eine ursprünglich aus Böhmen stammende Mehlspeise, die früher in einer eigenen Dalkenpfanne zubereitet wurde (eine Bratpfanne mit Vertiefungen im Boden zum Eingießen der Dalkenmasse). Heute werden Dalken meist mit einem Löffel portioniert und in einer normalen Bratpfanne oder in einer Spiegeleierpfanne herausgebacken; wer weder eine Dalken- noch eine Spiegeleierpfanne besitzt, kann die Dalken auch auf ein Blech setzen und im Rohr backen.

Bayerische Dalken

Zuckerstrauben

Zutaten für 6 Portionen
300 g Mehl
5 Eier
1 Prise Salz
120 g Staubzucker
300 ml Weißwein

200 ml Öl zum Ausbacken
Staubzucker und Zimt zum Bestreuen

- Aus Mehl, Eiern, Salz, Staubzucker und Weißwein eine schaumige Masse rühren.
- Das Öl in einer Pfanne erhitzen, den Teig in einen Spritzsack füllen und spiralförmig in das heiße Öl einlaufen lassen, beidseitig goldgelb ausbacken.
- Die Strauben heiß auf Tellern anrichten und mit Staubzucker und Zimt bestreuen.

Zubereitungszeit ca. 20 Minuten

Nussnockerln

mit Orangensauce

Zutaten für 4 Portionen

Nockerln
100 g gemahlene Nüsse
40 g Mehl
60 ml Obers
1 Prise Salz
40 g Zucker
2 Eier

Orangensauce
1 Apfel
1 EL Zitronensaft
1 Orange
40 g Zucker
80 ml Orangenlikör
30 g Butter
40 g ganze Nüsse

- Die gemahlenen Nüsse in einer Pfanne anrösten, dann mit Mehl, Obers, Salz, Zucker und Eiern vermengen, 10 Minuten ausquellen lassen.
- In einem Topf Wasser zum Kochen bringen.
- Aus der Nussmasse mit einem Löffel Nockerln ausstechen, ins kochende Wasser geben und 5 Minuten schwach köcheln lassen, anschließend den Topf von der Herdplatte nehmen und die Nockerln noch 10 Minuten ziehen lassen.
- Für die Orangensauce zuerst den Apfel schälen, vierteln und vom Kerngehäuse befreien, dann in Spalten schneiden und sofort mit Zitronensaft beträufeln.
- Die Orange heiß waschen und abtrocknen, die Hälfte der Orange dünn abschälen und Schale in feine Streifen schneiden, danach die Orange auspressen.
- Den Zucker in einer Pfanne schmelzen lassen und mit Orangensaft aufgießen, die Apfelspalten und die Orangenstreifen zugeben und 5 Minuten dünsten lassen, danach die Apfelspalten herausnehmen und warm stellen. Den Likör dazugeben, zuletzt die Butter in die Sauce einrühren und zerrinnen lassen.
- Die Nockerln mit den Apfelspalten auf Tellern anrichten und mit der Orangensauce übergießen.

Zubereitungszeit ca. 30 Minuten
Wartezeit ca. 10 Minuten

Zuckerstrauben

Buchweizenküchlein
mit Erdbeermus

Zutaten für ca. 12 Küchlein
20 g Germ
150 ml lauwarme Milch
200 g Buchweizenmehl
1 Prise Salz
3 Eier
100 g zerlassene Butter

Butter zum Ausbacken
Staubzucker zum Bestreuen

Erdbeermus
200 g Erdbeeren
100 g Staubzucker

- Die Germ in 3 Esslöffeln lauwarmer Milch auflösen und mit 1 Esslöffel Mehl anrühren, 15 Minuten gehen lassen.
- Das restliche Mehl in eine Schüssel geben, mit der aufgegangenen Germ und etwas Salz vermischen.
- Die Eier trennen, die Eidotter, die restliche lauwarme Milch sowie die zerlassene Butter zum Mehl geben und alles zu einem glatten Teig verrühren.
- Zuletzt die Eiklar steif schlagen und locker unter den Teig ziehen, nochmals 30 Minuten gehen lassen.
- Für das Erdbeermus die Erdbeeren putzen, waschen und pürieren (einige ganze Erdbeeren zurückbehalten), mit Staubzucker verrühren.
- Etwas Butter in einer beschichteten Pfanne heiß werden lassen.
- Pro Küchlein etwa 3 Esslöffel Teig in die Pfanne gießen und beidseitig goldgelb backen (man kann 2 Küchlein auf einmal backen). Die Küchlein auf eine vorgewärmte Platte gleiten lassen und warm stellen. Mit dem restlichen Teig den Vorgang wiederholen, bis der Teig aufgebraucht ist.
- Die Küchlein auf Tellern anrichten, mit Staubzucker bestreuen und mit Erdbeermus und den ganzen Erdbeeren garnieren.

Zubereitungszeit ca. 30 Minuten
Wartezeit ca. 30 Minuten

Schokoladenockerln

Zutaten für 4–6 Portionen
100 g Butter
100 g Zucker
5 Eier
100 g geriebene Schokolade
1 Prise Salz
2 EL Rosinen
abgeriebene Schale von
1 Bio-Zitrone
80 g geriebene Mandeln
100 g Semmelbrösel

250 ml Öl zum Ausbacken

200 ml Obers
1 P. Vanillezucker
2 EL Staubzucker

- Butter, Zucker und Eier schaumig rühren, geriebene Schokolade, Salz, die gewaschenen Rosinen und die abgeriebene Zitronenschale unterrühren, zuletzt die geriebenen Mandeln und die Semmelbrösel untermengen.
- Kleine Nockerln aus der Masse ausstechen und in heißem Öl goldbraun ausbacken.
- Die Nockerln in eine feuerfeste Schüssel geben und mit Obers übergießen, zugedeckt im Backofen bei 160 °C 10 Minuten ausdünsten lassen.
- Den Staubzucker mit Vanillezucker vermischen, die Nockerln auf Tellern anrichten und mit dem Zuckergemisch bestreuen.

Zubereitungszeit ca. 30 Minuten

Buchweizenküchlein mit Erdbeermus

Weintraubenomelettes

Zutaten für 6 Portionen
200 g griffiges Mehl
4 Eier
1 Prise Salz
400 ml Milch
100 g Butter

Staubzucker zum Bestreuen

Fülle
150 g Biskotten
120 ml Kümmellikör
200 g kernlose Weintrauben
120 ml Obers

- Mehl, Eier, Salz und Milch mit dem Schneebesen schaumig rühren.
- Etwas Butter in einer beschichteten Pfanne heiß werden lassen, Teig dünn eingießen und beidseitig goldgelb backen.
- Omelettes auf eine vorgewärmte Platte gleiten lassen und warm stellen. Den Vorgang so lange wiederholen, bis der Teig aufgebraucht ist.
- Die Biskotten klein schneiden und mit Likör beträufeln, ziehen lassen, Obers steif schlagen.
- Die Weintrauben waschen, danach in kleine Stücke schneiden und zusammen mit dem geschlagenen Obers unter die Biskotten mischen.
- Die Fülle auf den Omelettes verteilen und diese zusammenklappen.
- Vor dem Servieren mit Staubzucker bestreuen.

Zubereitungszeit ca. 30 Minuten

Rahmpalatschinken

Zutaten für 6 Portionen
200 g Mehl
2 Eier
1 Prise Salz
50 g Staubzucker
400 ml Milch
100 g Butter

Butter für die Form

Fülle
2 Eier
50 g Butter
100 g Zucker
50 g Semmelbrösel
130 ml Obers
50 g Rosinen

Guss
60 g Butter
1 Ei
60 g Zucker
1 P. Vanillezucker
Saft von 2 Zitronen
250 ml Obers

- Mehl, Eier, Salz, Staubzucker und Milch schaumig rühren.
- Ein Sechstel der Butter in eine beschichtete Pfanne geben und zergehen lassen, den Teig dünn eingießen und beidseitig backen.
- Die Palatschinke auf eine vorgewärmte Platte gleiten lassen und warm stellen. Mit dem restlichen Teig den Vorgang noch fünfmal wiederholen.
- Für die Fülle die Eier trennen, Eidotter, Butter und Zucker schaumig rühren, Brösel, Obers und gewaschene Rosinen dazugeben und unterrühren.
- Die Eiklar steif schlagen und in die Masse einrühren, die Palatschinken damit füllen und einrollen, anschließend in eine ausgebutterte Auflaufform schlichten.
- Für den Guss Butter, Ei und Zucker verrühren, Vanillezucker und Zitronensaft unterrühren. Über die Palatschinken gießen und im Backofen bei 180 °C 10–20 Minuten backen. Heiß auf Tellern servieren.

Zubereitungszeit ca. 40 Minuten

Weintraubenomelettes

Palatschinken mit Ananasobers

Zutaten für 6 Portionen
4 Eier
1 Prise Salz
50 g Staubzucker
200 g Mehl
400 ml Milch
100 g Butter

Staubzucker zum Bestreuen

Fülle
1 Ananas
120 ml Eierlikör
50 g Staubzucker
100 g Obers

- Eier trennen, Eidotter mit Salz, Staubzucker, Mehl und Milch schaumig rühren, die Eiklar steif schlagen und unter den Teig heben.
- Etwas Butter in einer beschichteten Pfanne heiß werden lassen, Teig dünn eingießen und beidseitig goldgelb backen.
- Palatschinken auf eine vorgewärmte Platte gleiten lassen und warm stellen. Den Vorgang so lange wiederholen, bis der Teig aufgebraucht ist.
- Die Ananas erst in Scheiben schneiden, dann schälen und den inneren Strunk herausschneiden, anschließend die Ananas in kleine Stücke schneiden und in eine Schüssel geben, den Likör und den Staubzucker dazugeben, alles gut durchmischen und beiseitestellen.
- Obers steif schlagen und unter die Ananasmischung heben.
- Die Ananasfülle auf die Palatschinken verteilen und diese zusammenklappen, auf Tellern anrichten und mit Staubzucker bestreut servieren.

Zubereitungszeit ca. 40 Minuten

Pariser Omelettes

Zutaten für 6 Portionen
200 g Mehl
1 Prise Salz
2 Eier
400 ml Milch
100 g Butter

Creme
2 Eidotter
70 g Zucker
125 ml Milch
4 Blatt Gelatine
120 ml Obers

Panier
2 Eier
150 g Semmelbrösel

200 ml Öl zum Ausbacken

- Aus Mehl, Salz, Eiern und Milch einen glatten Teig rühren.
- Etwas Butter in der Pfanne heiß werden lassen, dünn Teig eingießen und beidseitig goldgelb backen. Vorgang so oft wiederholen, bis der Teig verbraucht ist.
- Für die Creme Eidotter mit Zucker und Milch über Wasserdampf schaumig schlagen.
- Die Gelatine in kaltem Wasser einweichen, ausdrücken und in einem Topf erwärmen, anschließend unter die Creme rühren und 20 Minuten stocken lassen. Anschließend Obers steif schlagen und unter die Creme heben.
- Die Omelettes mit der Creme bestreichen und zusammenklappen.
- Für die Panier die Eier in einem Teller mit einer Gabel aufschlagen. Einen Teller mit Semmelbröseln bereitstellen.
- Die eingeschlagenen Omelettes zuerst in Ei, dann in Semmelbröseln wenden.
- Das Öl in einer Pfanne heiß werden lassen, die panierten Omelettes darin beidseitig goldgelb ausbacken, heiß auf Tellern anrichten und servieren.

Zubereitungszeit ca. 40 Minuten
Wartezeit ca. 20 Minuten

Palatschinken mit Ananasobers

Omelettes mit Schokoladencreme

Zutaten für ca. 6 Portionen
2 Eier
200 g Mehl
1 Prise Salz
400 ml Milch
100 g Butter

Schokoladencreme
2 Eidotter
60 g Zucker
125 ml Milch
4 Blatt Gelatine
125 ml Obers
125 g fein geriebene Schokolade

etwas Schlagobers zum Garnieren

- Die Eier trennen und aus Eidotter, Mehl, Salz und Milch einen glatten Teig rühren, die Eiklar steif schlagen und unter den Teig ziehen.
- Etwas Butter in einer Pfanne heiß werden lassen, Teig für eine Omelette eingießen und beidseitig goldgelb backen.
- Vom restlichen Teig fünf weitere Omelettes backen.
- Für die Schokoladencreme Eidotter, Zucker und Milch schaumig schlagen.
- Die Gelatine in kaltem Wasser einweichen, ausdrücken und in einem Topf erwärmen, anschließend unter die Creme rühren, 20 Minuten stocken lassen.
- Obers steif schlagen und mit der fein geriebenen Schokolade unter die Creme ziehen.
- Die Omelettes mit der Creme bestreichen, zusammenrollen, auf Tellern anrichten und mit etwas steif geschlagenem Schlagobers garnieren.

Zubereitungszeit ca. 50 Minuten
Wartezeit ca. 20 Minuten

■ **Tipp:**
Die Omelettes können vor dem Servieren auch mit einer Baisermasse überbacken werden. Dafür 3 Eiklar mit einer Prise Salz steif schlagen, 150 g Zucker löffelweise unterschlagen, die Baisermasse in einen Spritzbeutel füllen.

Die Omelettes auf eine hitzebeständige Servierplatte legen und die Baisermasse spiralenförmig auf die Omelettes spritzen.

Die Servierplatte mit den Omelettes auf ein Backblech geben und im Backofen bei 100 °C 10–20 Minuten überbacken.

Omelettes mit Schokoladencreme

Gefüllte Bratäpfel

Zutaten für 4 Portionen
4 große rote Äpfel

Fülle
250 g Topfen
100 ml Sauerrahm
80 g Staubzucker
1/2 TL Zimt
1 EL Rum
60 g Rosinen
4 EL Ribiselmarmelade

2 Eiklar
80 g Kristallzucker

Butter für die Form

- Die Äpfel waschen und trocken tupfen, den oberen Teil jeweils flach abschneiden und die Äpfel mit einem Messer oder Löffel aushöhlen.
- Für die Fülle den Topfen mit Sauerrahm, Staubzucker, Zimt und Rum glatt verrühren, danach die Rosinen unterrühren.
- Die ausgehöhlten Äpfel zuerst mit je 1 Esslöffel Ribiselmarmelade, dann mit der Topfenmischung füllen.
- Die Eiklar steif schlagen, danach den Zucker unter ständigem Schlagen langsam einrieseln lassen und so lange weiterschlagen, bis der Eischnee glänzt.
- Eine Auflaufform ausbuttern, die Äpfel in die Form setzen und im Backofen bei 180 °C 20 Minuten backen, danach aus dem Backofen nehmen, die Eiklarmasse in einen Spritzbeutel füllen und kleine Häubchen auf die Äpfel spritzen. Nochmals in den Backofen schieben und so lange backen, bis die Häubchen leicht Farbe angenommen haben.

Zubereitungszeit ca. 40 Minuten

Paradiesäpfel

Zutaten für 4 Portionen
4 Äpfel
250 ml Weißwein
125 ml Wasser
1 EL Zucker
8 TL Preiselbeeren

2 EL Mandelsplitter zum Garnieren

Creme
2 Eidotter
2 EL Zucker
1 P. Vanillezucker
3 Blatt Gelatine

- Die Äpfel schälen, halbieren und vom Kerngehäuse befreien.
- Den Weißwein mit Wasser erhitzen, den Zucker einrühren und die Apfelhälften darin dünsten (nicht zu lange, die Äpfel sollen nicht zu weich sein!).
- Die gedünsteten Apfelhälften auf eine Platte geben und auskühlen lassen (die Weißwein-Mischung aufheben), danach die Apfelhälften mit Preiselbeeren füllen.
- Für die Creme Eidotter, Zucker und Vanillezucker über Wasserdampf schaumig schlagen, dann 125 ml von der erkalteten Weißwein-Mischung unterrühren.
- Die Gelatine in kaltem Wasser einweichen, ausdrücken und unter die Creme rühren. Die Creme so lange rühren, bis sich die Gelatine aufgelöst hat.
- Die Apfelhälften in Schälchen anrichten und die Creme darübergießen, auskühlen lassen und anschließend 2 Stunden in den Kühlschrank stellen.
- Vor dem Servieren mit Mandelsplitttern bestreuen.

Zubereitungszeit ca. 40 Minuten
Wartezeit ca. 2 Stunden, 30 Minuten

Gefüllte Bratäpfel

Sauerrahmpudding
mit Moosbeerensauce

Zutaten für ca. 6 Stück
500 ml Sauerrahm
2 Eidotter
2 EL Honig
1 P. Vanillezucker
1 Prise Salz
10 Blatt Gelatine
200 ml Obers

Moosbeerensauce
200 g Moosbeeren (Cranberries)
2 EL Rotwein
60 g Staubzucker
1 EL Zimt
120 g Créme fraîche

Schokoraspel zum Bestreuen

- Den Sauerrahm in eine Schüssel geben, Eidotter, Honig, Vanillezucker und Salz dazugeben, alles schaumig rühren.
- Die Gelatine in kaltem Wasser einweichen, ausdrücken, in einem Topf erwärmen und unter die Masse rühren, Obers steif schlagen und unter die Masse heben.
- Förmchen kalt ausspülen, die Creme einfüllen und im Kühlschrank 2 Stunden stocken lassen.
- Für die Sauce die Moosbeeren waschen, trocken tupfen und mit dem Rotwein, Staubzucker und Zimt 5 Minuten kochen lassen.
- Danach mit dem Stabmixer pürieren, Crème fraîche hinzufügen und alles gut vermischen.
- Sauerrahmtörtchen auf Teller stürzen, die Sauce dazugeben und mit Schokoraspeln bestreuen.

Zubereitungszeit ca. 20 Minuten
Wartezeit ca. 2 Stunden

Himbeer-Hüttenkäse-Dessert

Zutaten für 4 Personen
250 g Himbeeren
3 EL Himbeerlikör
100 g Zucker
250 g Hüttenkäse
120 g Obers
50 g geröstete Mandelsplitter

- Die Himbeeren waschen, trocken tupfen und teilen, in eine Schüssel geben, mit Himbeerlikör und 50 g Zucker vermischen, 20 Minuten ziehen lassen.
- Den Hüttenkäse in eine Schüssel geben, steif geschlagenes Obers und restlichen Zucker dazugeben und unterrühren, danach die Himbeeren unterheben.
- Die Creme in Schälchen füllen und mit gerösteten Mandeln bestreuen.

Zubereitungszeit ca. 20 Minuten
Wartezeit ca. 20 Minuten

Sauerrahmpudding mit Moosbeerensauce

Rot-Weiß-Creme

Zutaten für 6 Portionen
350 g Erdbeeren
120 g Zucker
2 EL Cognac
4 Blatt Gelatine
4 Eidotter
1 P. Vanillezucker
300 g Sauerrahm
abgeriebene Schale von
1 Bio-Zitrone
Saft von 2 Zitronen
250 g Obers

- Die Erdbeeren putzen und waschen, 6 Stück zum Garnieren zurückbehalten, die restlichen Erdbeeren pürieren und 60 g Zucker und 1 Esslöffel Cognac unterrühren.
- Die Gelatine in kaltem Wasser einweichen.
- Eidotter mit dem restlichen Zucker und Vanillezucker schaumig rühren, Sauerrahm, abgeriebene Zitronenschale und Zitronensaft dazugeben und alles gut verrühren.
- Die Gelatine ausdrücken und in einem Topf erwärmen, die Hälfte der Gelatine unter das Erdbeermus rühren, die zweite Hälfte der Gelatine zur Sauerrahmcreme geben und verrühren.
- Beide Cremes 20 Minuten auskühlen lassen.
- Obers steif schlagen und unter die Sauerrahmcreme ziehen.
- Die Sauerrahmcreme und das Erdbeermus abwechselnd mit zwei verschiedenen Spritzsäcken in Gläser oder Glasschalen dressieren und mit Erdbeeren garnieren. 1 Stunde kalt stellen.

Zubereitungszeit ca. 30 Minuten
Wartezeit ca. 1 Stunde, 20 Minuten

Reispudding

Zutaten für 6 Portionen
500 ml Milch
1 Prise Salz
150 g Reis
1 Zimtstange
80 g Zucker
4 Blatt Gelatine
250 ml Obers
80 ml Himbeerlikör
150 ml Himbeersaft

- Die Milch in einen Topf geben, salzen und aufkochen lassen, den gewaschenen Reis einrühren, Zimtstange und Zucker hinzufügen und 20 Minuten leicht köcheln lassen. Mehrmals umrühren.
- Die Gelatine in kaltem Wasser einweichen, ausdrücken und unter den Reis rühren. Nochmals kurz aufkochen lassen, die Zimtstange herausnehmen und den Reis 1 Stunde auskühlen lassen.
- Das Obers steif schlagen und mit dem Himbeerlikör unter den Reis ziehen.
- Glasschälchen kalt ausspülen und den Reispudding einfüllen, im Kühlschrank 4 Stunden stocken lassen, danach Reispudding auf Teller stürzen und mit Himbeersaft servieren.

Zubereitungszeit ca. 30 Minuten
Wartezeit ca. 5 Stunden

Rot-Weiß-Creme

Grießpudding
mit Weinchaudeau

Zutaten für 4 Portionen
500 ml Milch
200 g Zucker
etwas Salz
280 g Grieß
4 Eier

Weinchaudeau
4 Eidotter
50 g Zucker
300 ml Rotwein

- Milch in einen Topf geben, Zucker und Salz unterrühren und aufkochen lassen.
- Den Grieß mit einem Schneebesen in die kochende Milch einrühren, danach die Grießmasse auskühlen lassen.
- Die Eier trennen und die Eidotter unter die Grießmasse rühren, die Eiklar zu einem steifen Schnee schlagen und vorsichtig unterheben.
- 4 Auflaufförmchen mit kaltem Wasser ausspülen und den Pudding einfüllen, im Backofen auf einem Blech mit Wasser ca. 30 Minuten bei 160 °C garen, danach auskühlen lassen und aus den Förmchen stürzen.
- Für das Weinchaudeau Eidotter, Zucker und Wein über Dampf mit dem Schneebesen schaumig rühren.
- Grießpudding auf Teller stürzen und mit Weinchaudeau servieren.

Zubereitungszeit ca. 50 Minuten
Wartezeit ca. 30 Minuten

Ananas-Tiramisu

Zutaten für 4 Portionen
1 kleine Dose Ananas
80 ml Rum
130 ml Obers
130 g Topfen

100 g Biskotten
80 g Staubzucker

Schokoladeraspel zum Bestreuen

- Ananassaft in eine Schale geben und mit Rum verrühren, die Ananasscheiben in kleine Stücke schneiden.
- Das Obers steif schlagen, den Topfen in eine Schüssel geben, Zucker und geschlagenes Obers unterrühren.
- Die Hälfte der Biskotten in die Ananas-Rum-Mischung tunken und nebeneinander in eine Auflaufform legen, die Ananasstücke darüber verteilen, die Hälfte der Topfencreme darüberstreichen.
- Die zweite Hälfte der Biskotten ebenfalls in die Ananas-Rum-Mischung tunken und auf die Topfencreme legen, die zweite Hälfte der Topfencreme darübergeben und mit Schokoladeraspeln bestreuen.
- Mindestens für 10 Stunden in den Kühlschrank stellen.

Zubereitungszeit ca. 20 Minuten
Wartezeit ca. 10 Stunden

Grießpudding mit Weinchaudeau

Orangenpudding

Zutaten für 4 Portionen
4 Orangen
400 ml Milch
50 g Vanillepudding
60 g Zucker
2 Blatt Gelatine

- Die Orangen mit einem Messer bis zum Fruchtfleisch schälen, dann in hauchdünne Scheiben schneiden.
- Dessertschälchen kalt ausspülen und mit der Hälfte der Orangenscheiben auslegen.
- Vanillepudding in etwas kalter Milch anrühren, die restliche Milch in einen Topf geben, den Zucker einrühren und zum Kochen bringen, Vanillepudding-Mischung in die kochende Milch einrühren und einmal kurz aufkochen lassen.
- Gelatine in kaltem Wasser einweichen, ausdrücken und in die heiße Puddingcreme einrühren, kurz auskühlen lassen und danach in die Dessertschälchen über die Orangenscheiben gießen.
- Die Creme mit den restlichen Orangenscheiben belegen, danach die Creme 3 Stunden im Kühlschrank erstarren lassen.
- Orangen-Pudding auf Teller stürzen und garnieren.

Zubereitungszeit ca. 20 Minuten
Wartezeit ca. 3 Stunden

Hexendessert

Zutaten für 4 Portionen
4 Äpfel
2 Eiklar
180 g Zucker
2 EL Marillenmarmelade
1 EL Rum

4 Biskotten und
Minzeblätter zum Garnieren

- Die Äpfel schälen, achteln und vom Kerngehäuse befreien, die Apfelspalten in wenig Wasser 15 Minuten dünsten, anschließend mit dem Stabmixer pürieren und auskühlen lassen.
- Die Eiklar steif schlagen, den Zucker löffelweise unter den Eischnee heben, die Marmelade und den Rum unterrühren, zuletzt die ausgekühlte Apfelmasse unterheben.
- Das Hexendessert in Schälchen füllen und mit Biskotten und Minzeblättern garnieren.

Zubereitungszeit ca. 20 Minuten
Wartezeit ca. 40 Minuten

Orangenpudding

Kirschcreme mit Mandelkeksen

Zutaten für 4 Portionen
400 g Kirschen aus dem Glas
250 g Mandelgebäck (Mandelkekse)
4 EL süßer Rotwein
250 g Mascarpone
1 Ei
80 g Zucker
120 ml Obers

- Die Kirschen abgießen und abtropfen lassen, den Saft auffangen.
- Einige Mandelkekse zum Garnieren zurückbehalten, restliches Mandelgebäck mit Rotwein und 80 ml Kirschsaft übergießen und ziehen lassen.
- Den Mascarpone mit restlichem Kirschsaft, Ei und Zucker glatt rühren, Obers steif schlagen und unter die Masse heben.
- Glasschälchen mit Mandelgebäck auslegen, die Hälfte der Creme darübergeben und drei Viertel der Kirschen darauf verteilen.
- Mit der zweiten Hälfte der Creme abschließen und mit Mandelkeksen und Kirschen garniert servieren.

Zubereitungszeit ca. 30 Minuten

Mandelpudding

Zutaten für 4 Portionen
6 Eier
120 g Zucker
150 g geriebene Mandeln

Butter für die Form

200 g Himbeeren (tiefgekühlt oder frisch)
80 g Staubzucker

- Die Eier trennen, Eidotter, zwei Drittel Zucker und zwei Drittel geriebene Mandeln schaumig rühren, die Eiklar steif schlagen und vorsichtig unter die Masse heben.
- Eine Puddingform ausbuttern und mit dem restlichen Zucker und den restlichen Mandeln bestreuen.
- Die Puddingmasse einfüllen und im Wasserbad 1 Stunde kochen, 30 Minuten auskühlen lassen, danach stürzen.
- Die Himbeeren in eine Schüssel geben, den Staubzucker dazugeben und mit dem Stabmixer pürieren.
- Den Mandelpudding mit dem Himbeermark auf Tellern anrichten und servieren.

Zubereitungszeit ca. 1 Stunde, 15 Minuten
Wartezeit ca. 30 Minuten

Kirschcreme mit Mandelkeksen

Lebkuchenpudding

Zutaten für 8 Portionen
250 g Lebkuchen
80 g gekühlte Zartbitterschokolade
3 EL Rum
160 g Butter
80 g Zucker
5 Eier
1 TL Zimt

zerlassene Butter und Semmelbrösel für die Förmchen
Schlagobers und Lebkuchenherzen zum Garnieren

- Lebkuchen und Zartbitterschokolade fein reiben und mit Rum beträufeln. Butter, Zucker und Eidotter schaumig rühren, geriebenen Lebkuchen und geriebene Schokolade unterrühren.
- Die Eiklar steif schlagen und zusammen mit dem Zimt unter die Masse heben.
- Auflaufförmchen mit zerlassener Butter bepinseln und mit Semmelbröseln ausstreuen.
- Die Lebkuchenmasse einfüllen und im Backofen bei 180 °C ca. 40 Minuten backen.
- Den Pudding aus dem Ofen nehmen und 1 Stunde auskühlen lassen.
- Den erkalteten Lebkuchenpudding auf einen Kuchenteller stürzen und mit Schlagobers und Lebkuchenherzen garnieren.

Zubereitungszeit ca. 1 Stunde
Wartezeit ca. 1 Stunde

Roggenpudding

Zutaten für 4 Portionen
5 Eier
50 g Butter
100 g Zucker
100 g geriebenes Roggenbrot
50 g geriebene Nüsse
1 TL Zimt
abgeriebene Schale von 1 Bio-Zitrone
1 EL Mehl

4 Erdbeeren und Minzeblätter zum Garnieren
Butter für die Formen (z. B. Muffin- oder Puddingförmchen)

- Die Eier trennen, Eidotter, Butter und Zucker sehr schaumig schlagen. Geriebenes Roggenbrot und geriebene Nüsse unterrühren. Mit Zimt und abgeriebener Zitronenschale verfeinern.
- Die Eiklar steif schlagen und mit dem Mehl vorsichtig unter die Puddingmasse heben.
- Formen ausbuttern und die Puddingmasse einfüllen.
- Die gefüllten Formen bis zu einem Viertel in siedendes Wasser stellen und zugedeckt ca. 40 Minuten dünsten. Aus dem Wasser nehmen und 1 Stunde auskühlen lassen, anschließend 3 Stunden in den Kühlschrank stellen.
- Den erkalteten Roggenpudding auf Teller stürzen und mit Erdbeeren und Minzeblättern garnieren.

Zubereitungszeit ca. 60 Minuten
Wartezeit ca. 4 Stunden

Lebkuchenpudding

Kaffee-Parfait

Zutaten für 4 Portionen
1 Ei
1 Eidotter
50 g Zucker
60 ml schwarzer Kaffee
1 EL Rum
1 P. Vanillezucker
250 ml Obers

Minzeblätter und Apfelspalten zum Garnieren

- Ei, Eidotter, Zucker und Kaffee über Wasserdampf schaumig schlagen und so lange schlagen, bis die Masse ausgekühlt ist, anschließend den Rum und den Vanillezucker untermischen.
- Obers steif schlagen und unter die Masse heben.
- Kleine Förmchen mit kaltem Wasser ausspülen und die Masse einfüllen, danach 6 Stunden tiefkühlen.
- Die Parfaits auf Dessertteller stürzen und mit Minzeblättern und Apfelspalten garnieren.

Zubereitungszeit ca. 35 Minuten
Wartezeit ca. 6 Stunden

Erdnusscreme

Zutaten für 4 Portionen
120 g Erdnüsse (ungesalzen)
2 Blatt Gelatine
120 ml Milch
1 Eidotter
60 g Staubzucker
1 P. Vanillezucker
250 ml Obers

- Die Erdnüsse fein mahlen, die Gelatine in kaltem Wasser einweichen.
- Die Milch in einem Topf zum Kochen bringen, danach den Topf von der Herdplatte nehmen.
- Eidotter mit Staubzucker und Vanillezucker schaumig rühren, anschließend die warme Milch langsam in die Dottermasse einrühren.
- Die Gelatine ausdrücken und unterrühren, danach den Topf in kaltes Wasser stellen und die Masse so lange rühren, bis sie anfängt zu gelieren, zuletzt die gemahlenen Erdnüsse unterrühren, danach die Creme 1 Stunde in den Kühlschrank stellen.
- Obers steif schlagen und zwei Drittel des Schlagobers unter die Creme heben, in Schälchen füllen und mit einem Klecks Schlagobers garniert servieren.

Zubereitungszeit ca. 30 Minuten
Wartezeit ca. 1 Stunde

Kaffee-Parfait

Tee-Dessert

Zutaten für 4 Portionen
3 EL schwarzer Tee
5 Blatt Gelatine
200 g Dörrzwetschken
5 EL Cognac
1 EL Zitronensaft
80 g Zucker
2 Eidotter
80 ml Milch
1 P. Vanillezucker
250 ml Obers

- Den Tee mit 125 ml kochendem Wasser überbrühen, 15 Minuten ziehen lassen, danach abseihen.
- Die Gelatine in kaltem Wasser einweichen. 4 Dörrzwetschken zum Garnieren zurückbehalten, den Rest klein schneiden.
- Cognac, Zitronensaft und 20 g Zucker kurz aufkochen lassen, 1 Blatt Gelatine ausdrücken und unterrühren. Die Dörrzwetschken dazugeben und mit der Masse gut verrühren.
- Die Zwetschkensauce in Schälchen verteilen und auskühlen lassen.
- Die Eidotter mit dem restlichen Zucker schaumig rühren.
- Tee, Milch und Vanillezucker aufkochen lassen, die restliche Gelatine ausdrücken und unter die Teemasse rühren, die Dottermasse einrühren und 1 Stunde auskühlen lassen.
- Obers steif schlagen, ein Drittel des Schlagobers zum Garnieren beiseite stellen, restliches Schlagobers unter die Masse rühren.
- Die Creme gleichmäßig auf die Zwetschkensauce verteilen, jede Portion mit Schlagobers und 1 Dörrzwetschke garnieren und servieren.

Zubereitungszeit ca. 30 Minuten
Wartezeit ca. 1 Stunde

Walnussschälchen

Zutaten für 4 Portionen
4 Blatt Gelatine
4 Eidotter
60 g Zucker
60 ml Rum
300 ml Obers
120 g Walnusskerne

- Die Gelatine in kaltem Wasser einweichen. Eidotter mit Zucker schaumig rühren.
- Den Rum in einem Topf erwärmen, die Gelatine ausdrücken, zum Rum geben und so lange rühren, bis sich die Gelatine aufgelöst hat. Anschließend unter die Dottermasse rühren und die Creme 15 Minuten in den Kühlschrank stellen.
- Obers steif schlagen und zwei Drittel des Schlagobers unter die Creme heben.
- Zwei Drittel der Walnusskerne klein hacken und ebenfalls unter die Creme rühren.
- Anschließend die Creme in Schälchen füllen und mit dem restlichen Schlagobers und den restlichen Walnusskernen garnieren.

Zubereitungszeit ca. 20 Minuten
Wartezeit ca. 15 Minuten

Tee-Dessert

Rambazamba

Zutaten für 4 Portionen
5 Blatt Gelatine
120 g kandierte Früchte
400 g Topfen
3 EL Zucker
2 P. Vanillezucker
120 ml Amarettolikör
250 ml Obers
150 g Biskotten
50 g Schokoladeraspel

- Die Gelatine in kaltem Wasser einweichen. Drei Viertel der kandierten Früchte klein schneiden, den Rest zum Garnieren beiseite stellen.
- Topfen, Zucker, Vanillezucker und 2 Esslöffel Amarettolikör schaumig rühren.
- Die Gelatine ausdrücken, kurz im Topf schmelzen und zur Topfenmasse geben.
- Obers steif schlagen und mit den klein geschnittenen kandierten Früchten unter die Topfenmasse rühren.
- Die Biskotten mit dem restlichen Amarettolikör beträufeln, ziehen lassen, mit der Hälfte der Biskotten 4 Schälchen auslegen, die Hälfte der Topfencreme darübergeben, restliche Biskotten darauflegen und mit der restlichen Topfencreme abschließen.
- Vor dem Servieren mit kandierten Früchten garnieren und mit Schokoladeraspeln bestreuen.

Zubereitungszeit ca. 20 Minuten

■ Tipp:
Man kann dieses Dessert auch ohne getränkte Biskotten zubereiten – die Creme schmeckt auch alleine sehr gut.

Rumcreme

Zutaten für 4 Portionen
120 g Zucker
1 P. Vanillezucker
3 Eier
125 ml Milch
6 Blatt Gelatine
250 ml Obers

60 g Rosinen,
in 3 EL Rum eingeweicht
(ca. 4 Std.)

- Zucker, Vanillezucker, Eier und Milch über Wasserdampf zu einer dicken Creme schlagen.
- Die Gelatine in kaltem Wasser einweichen, ausdrücken und unter die Creme rühren. Die Creme so lange rühren, bis sich die Gelatine aufgelöst hat, anschließend 40 Minuten auskühlen lassen.
- Obers steif schlagen, etwas Schlagobers zum Garnieren beiseite stellen.
- Die in Rum eingeweichten Rosinen und das Schlagobers unter die Creme heben, die Creme in Glasschälchen füllen und mit Schlagobers garniert servieren.

Zubereitungszeit ca. 25 Minuten
Wartezeit ca. 40 Minuten

Rambazamba

Sektgelee mit Weintrauben

Zutaten für 4 Portionen
4 Blatt Gelatine
60 g kernlose Weintrauben
60 ml Holundersaft
1 EL Staubzucker
400 ml Sekt

Creme
75 ml Sauerrahm
1 EL Staubzucker
Saft von 1/2 Zitrone
50 ml Obers

- Die Gelatine in kaltem Wasser einweichen. Die Weintrauben waschen, einige Weintrauben zum Garnieren zurückbehalten, restliche Weintrauben sehr fein schneiden.
- Den Holundersaft in einen Topf geben, Staubzucker zugeben und kurz aufkochen lassen.
- Den Topf von der Herdplatte nehmen, die Gelatine ausdrücken und unter Rühren im Holundersaft auflösen. Sekt und fein geschnittene Weintrauben einrühren, anschließend warten, bis die Masse geliert.
- Die gelierte Masse in Sektschalen füllen und im Kühlschrank 1 Stunde stocken lassen.
- Für die Creme den Sauerrahm mit Staubzucker und Zitronensaft glatt rühren.
- Obers steif schlagen, 4 Teelöffel des Schlagobers zum Garnieren beiseite stellen, den Rest unter die Sauerrahmmasse heben.
- Die Creme über das Weintraubengelee geben und mit Schlagobers und Weintrauben garnieren.

Zubereitungszeit ca. 20 Minuten
Wartezeit ca. 1 Stunde

Rhabarber-Erdbeer-Dessert mit Schneenockerln

Zutaten für 4 Portionen
400 g Rhabarber
120 g Zucker
250 ml Rotwein
250 ml Wasser
300 g Erdbeeren

Schneenockerln
1 Eiweiß
60 g Zucker
1 TL Zimt

- Rhabarber putzen und waschen, dann die Haut abziehen und in kleine Stücke schneiden.
- Zucker in einem Topf karamellisieren, danach mit Wein und Wasser ablöschen, Rhabarberstücke dazugeben und 15 Minuten leicht köcheln lassen.
- Die Erdbeeren putzen, waschen und vierteln, zum Rhabarber geben und auskühlen lassen.
- Für die Schneenockerln das Eiklar steif schlagen, danach den Zucker und den Zimt löffelweise unterschlagen. Mit einem Löffel kleine Nockerln abstechen und in siedendes Wasser geben, zugedeckt 10 Minuten ziehen lassen, danach die Nockerln aus dem Wasser heben und auskühlen lassen.
- Das Rhabarber-Erdbeer-Dessert mit Schneenockerln garniert servieren.

Zubereitungszeit ca. 40 Minuten
Wartezeit ca. 20 Minuten

Sektgelee mit Weintrauben

Früchtemüsli-Parfait

Zutaten für 4 Portionen
5 Eidotter
100 g Zucker
1 EL Butter
80 g Früchtemüsli
60 g Marillenlikör
200 ml Obers

Schokoraspel zum Bestreuen

- Eidotter mit Zucker in einem Topf verrühren, im Wasserbad zu einer dicken Masse schlagen, unter mehrmaligem Rühren auskühlen lassen.
- Butter in einer Pfanne heiß werden lassen, das Früchtemüsli darin goldbraun rösten, danach auskühlen lassen, den Marillenlikör unterrühren und beides in die ausgekühlte Ei-Zucker-Masse rühren.
- Obers steif schlagen und zwei Drittel des Schlagobers unter die Masse heben, danach 10 Stunden tiefkühlen. Anschließend mit einem Eisportionierer Kugeln ausstechen und diese dekorativ anrichten.
- Früchtemüsli-Parfait mit restlichem Schlagobers garnieren und mit Schokoraspeln bestreut servieren.

Zubereitungszeit ca. 40 Minuten
Wartezeit ca. 10 Stunden

Sauerrahmcreme
mit Kiwisauce

Zutaten für 4 Portionen
4 Blatt Gelatine
160 ml Sauerrahm
160 ml Crème fraîche
Saft von 1 Zitrone
40 g Zucker
100 ml Obers

Kiwisauce
3 Kiwis
40 g Zucker

1 Kiwi zum Garnieren

- Die Gelatine in kaltem Wasser einweichen.
- Sauerrahm, Créme fraîche, Zitronensaft und Zucker verrühren.
- Die Gelatine ausdrücken, in 2 Esslöffeln heißem Wasser auflösen und unter die Crememasse rühren, danach das Obers steif schlagen und unterrühren. Im Kühlschrank 1 Stunde stocken lassen.
- In der Zwischenzeit für die Sauce die Kiwis schälen und in kleine Stücke schneiden, in einen Topf geben und mit Zucker kurz aufkochen, danach durch ein Sieb streichen und die Sauce kurz einkochen lassen. 15 Minuten auskühlen lassen.
- Die Sauerrahmcreme in Glasschälchen füllen und mit Kiwisauce überziehen. Mit Kiwischeiben garniert servieren.

Zubereitungszeit ca. 30 Minuten
Wartezeit ca. 45 Minuten

Früchtemüsli-Parfait

Grießflammerln

Zutaten für 4 Portionen
150 g Erdbeeren
5 Blatt Gelatine
250 ml Milch
50 g Zucker
abgeriebene Schale von
1 Bio-Zitrone
50 g Grieß
250 ml Obers

Frischhaltefolie für die Form

- Die Erdbeeren putzen und waschen, 4 Stück zum Garnieren zurückbehalten, die restlichen Erdbeeren pürieren.
- Die Gelatine in kaltem Wasser einweichen. Die Milch in einen Topf geben, Zucker und abgeriebene Zitronenschale dazugeben und aufkochen lassen, den Grieß einrühren und 1 Minute köcheln lassen.
- Die Gelatine ausdrücken und unter die heiße Grießmasse rühren, danach die Grießmasse 45 Minuten auskühlen lassen.
- Obers steif schlagen und unter die erkaltete Grießmasse heben, danach die Hälfte der Grießmasse mit den pürierten Erdbeeren vermischen.
- Eine Auflaufform mit Frischhaltefolie auslegen, abwechselnd helle und rote Grießmasse einfüllen und im Kühlschrank 4 Stunden stocken lassen.
- In Portionen schneiden, die Flammerln auf Tellern anrichten und mit Erdbeeren garnieren.

Zubereitungszeit ca. 20 Minuten
Wartezeit ca. 4 Stunden 45 Minuten

Bananen mit Schokoladenobers

Zutaten für 4 Portionen
4 Bananen
Saft von 2 Orangen
2 EL Honig
60 g Rosinen
1 EL Rum
250 g Obers
40 g Kochschokolade

- Die Bananen schälen und in Scheiben schneiden, den Orangensaft mit Honig verrühren und mit den Bananenscheiben vermischen. 30 Minuten in den Kühlschrank stellen.
- Die Rosinen waschen, trocken tupfen und mit Rum beträufeln. 30 Minuten durchziehen lassen.
- Obers steif schlagen, die Kochschokolade raspeln und unter das Schlagobers heben.
- Die Rosinen mit den Bananen vermischen, in Schälchen füllen und mit Schokoladenobers garnieren.

Zubereitungszeit ca. 20 Minuten
Wartezeit ca. 30 Minuten

Grießflammerln

Rasperlguglhupf

Rasperlguglhupf

- Eier, Margarine und Staubzucker schaumig rühren, die Zitronenschale abreiben, den Saft auspressen und beides unter die Masse rühren.
- Die Kochschokolade klein hacken, die Rosinen waschen, trocken tupfen und zusammen mit der gehackten Kochschokolade unter den Teig rühren.
- Das Mehl mit Backpulver vermischen und zusammen mit der Milch vorsichtig in die Masse einrühren.
- Die Gugelhupfform ausbuttern, den Teig einfüllen und im Backofen bei 180 °C ca. 50 Minuten backen.
- Den fertigen Gugelhupf stürzen, aus der Form lösen und abkühlen lassen, mit Staubzucker bestreuen.

Zubereitungszeit ca. 70 Minuten

Zutaten für 16 Stück
5 Eier
250 g Margarine
250 g Staubzucker
2 P. Vanillezucker
1 Bio-Zitrone
100 g gekühlte Kochschokolade
60 g Rosinen
400 g Mehl
1 P. Backpulver
250 ml Milch

Butter für die Form
Staubzucker zum Bestäuben

Wiener Eierkuchen

- Die Semmeln in Scheiben schneiden und mit warmer Milch übergießen, 30 Minuten stehen lassen.
- In der Zwischenzeit die Äpfel schälen, vierteln, vom Kerngehäuse befreien und in kleine Stücke schneiden.
- Die Eier trennen, Eidotter mit Salz und Zucker verrühren, die Eiklar steif schlagen und unter die Dottermasse heben, danach die Apfelstücke und die gewaschenen Rosinen unterrühren; zuletzt mit den eingeweichten Semmeln vermischen.
- Die Masse in eine ausgebutterte Auflaufform füllen und im Backofen bei 160 °C 45 Minuten backen.
- Auf vorgewärmten Tellern anrichten und heiß servieren.

Zubereitungszeit ca. 70 Minuten

Zutaten für 6 Portionen
4 altbackene Semmeln
150 ml Milch
4 Äpfel
6 Eier
1 Prise Salz
120 g Zucker
60 g Rosinen

Butter für die Form

Zwetschkenkuchen
mit Streusel

Zutaten für 12 Stück
300 g Mehl
1 P. Backpulver
100 g Zucker
abgeriebene Schale von
1 Bio-Zitrone
1 Ei
2 EL Milch
130 g Butter

Mehl zum Ausarbeiten
Butter für die Form
80 g zerlassene Butter zum Beträufeln
2 EL Zucker zum Bestreuen

Belag
1 kg Zwetschken
150 g Mehl
100 g Butter
100 g Zucker

- Aus Mehl, Backpulver, Zucker, Zitronenschale, Ei, Milch und klein geschnittener Butter einen festen Teig kneten. 30 Minuten rasten lassen.
- In der Zwischenzeit die Zwetschken waschen, halbieren und entsteinen.
- Mehl, klein geschnittene Butter und Zucker mit den Händen zu Streuseln (Krümeln) verarbeiten.
- Den Teig auf einer bemehlten Arbeitsfläche 3 cm dick ausrollen, auf ein ausgebuttertes Backblech legen und die Pflaumenhälften darauf verteilen. Danach den Kuchen mit den Streuseln bestreuen und im Backofen bei 160 °C 40 Minuten backen.
- Aus dem Backofen nehmen und auskühlen lassen, anschließend den ausgekühlten Zwetschkenkuchen mit zerlassener Butter beträufeln und mit Zucker bestreuen.

Zubereitungszeit ca. 80 Minuten
Wartezeit ca. 30 Minuten

Eierlikörkuchen

Zutaten für 12 Stück
5 Eier
120 g Butter
200 g Staubzucker
200 ml Eierlikör
1 P. Vanillepuddingpulver
300 g griffiges Mehl
1 P. Backpulver

Butter für das Backblech

Belag
100 g zerlassene Butter
120 g Staubzucker

- Die Eier trennen, Eidotter, Butter und Staubzucker schaumig rühren. Eierlikör und Vanillepuddingpulver unterrühren.
- Das Mehl mit Backpulver vermischen und unter die Masse rühren, zuletzt die Eiklar steif schlagen und vorsichtig unter den Teig heben.
- Ein Backblech ausbuttern, den Teig daraufgeben und glatt streichen. Im Backofen bei 180 °C 20–25 Minuten backen.
- Den Kuchen halb auskühlen lassen, mit zerlassener Butter bestreichen und mit Staubzucker bestäuben.
- Eierlikörkuchen in Stücke schneiden und mit Kaffee servieren.

Zubereitungszeit ca. 45 Minuten

Zwetschkenkuchen

Zitronenkuchen

Zutaten für 12 Stück
3 Eier
160 g Butter
160 g Zucker
1 Bio-Zitrone
220 g Mehl
40 g Erdäpfelstärke
1 P. Backpulver
250 ml Milch

Butter für die Backform

Glasur
2 Zitronen
2 Orangen
150 g Staubzucker
bunte Streusel zum Bestreuen

- Die Eier trennen, Dotter, Butter, Zucker, abgeriebene Schale und Saft der Zitrone schaumig rühren.
- Mehl, Erdäpfelstärke, Backpulver und Milch unterrühren, die Eiklar steif schlagen und vorsichtig unter den Teig heben.
- Den Teig in eine ausgebutterte Backform geben und im Backofen bei 180 °C ca. 30 Minuten backen, danach 45 Minuten auskühlen lassen.
- Für die Glasur die Zitronen und Orangen auspressen und den Saft mit Staubzucker verrühren.
- Mit einer Gabel Löcher in den Kuchen stechen und die Glasur darauf verteilen, anschließend die Glasur glatt streichen und mit den bunten Streuseln bestreuen. 1 Stunde trocknen lassen.

Zubereitungszeit ca. 50 Minuten
Wartezeit ca. 1 Stunde

Kastanien-Küchlein

Zutaten für 8 kleine Förmchen
500 g Kastanien
300 ml Milch
5 Eier
150 g Butter
10 g Zucker
1 P. Vanillezucker
2 EL Rum

Butter und Zucker für die Auflaufförmchen
etwas Schlagobers zum Garnieren

- Die Kastanien über Kreuz einritzen und auf ein Backblech legen, im Backofen bei 180 °C 15 Minuten garen, kurz auskühlen lassen und schälen.
- Die geschälten Kastanien 15 Minuten in Milch kochen, danach mit einem Schaumlöffel aus der Milch heben und noch heiß durch die Erdäpfelpresse drücken.
- Die Eier trennen, Eidotter, Butter, Zucker, Vanillezucker und Rum schaumig rühren, dann die Kastanienmasse unterrühren, die Eiklar steif schlagen und vorsichtig unter die Masse heben.
- Die Auflaufförmchen ausbuttern und mit Zucker bestreuen, die Soufflè-Masse einfüllen und im Backofen bei 180 °C ca. 30 Minuten backen.
- Die Soufflès vorsichtig aus den Förmchen lösen, heiß auf vorgewärmten Tellern anrichten und mit Schlagobers garnieren.

Zubereitungszeit ca. 90 Minuten

Zitronenkuchen

Würziger Mohnkuchen

Zutaten für 12 Stück
250 g Mehl
1 Prise Salz
1 TL Backpulver
80 g Zucker
2 Eier
120 g Butter

Mehl zum Ausarbeiten
Butter für das Backblech

Belag
4 Eier
2 EL Wasser
180 g Zucker
300 g geriebener Mohn
abgeriebene Schale von 1 Bio-Zitrone
1 Prise Salz
50 g Erdäpfelstärke
60 g klein geschnittenes Zitronat
60 g Rosinen

- Aus Mehl, Salz, Backpulver, Zucker, Eiern und klein geschnittener Butter einen Teig kneten. 30 Minuten rasten lassen.
- Für den Belag die Eier trennen, Eidotter mit Wasser und Zucker schaumig rühren. Mohn, abgeriebene Zitronenschale, Salz, Erdäpfelstärke, Zitronat und gewaschene Rosinen unterrühren.
- Die Eiklar steif schlagen und unter die Mohnmasse heben.
- Zwei Drittel des Teiges auf einer bemehlten Arbeitsfläche ausrollen und auf ein ausgebuttertes Backblech legen. Aus dem restlichen Teig kleine Rollen formen.
- Die Mohnmasse auf den Teig aufstreichen und die Teigrollen gitterförmig darauflegen.
- Im Backofen bei 160 °C ca. 30 Minuten backen, danach aus dem Backofen nehmen und auskühlen lassen.

Zubereitungszeit ca. 55 Minuten

Semmel-Mohn-Kuchen

Zutaten für ca. 10 Stück
4 altbackene Semmeln
150 ml Milch
100 g Butter
100 g Zucker
4 Eier
2 P. Vanillezucker
abgeriebene Schale von 1 Bio-Zitrone
200 g geriebener Mohn
100 ml Obers
60 g Staubzucker

Butter für die Form

- Die Semmeln in Milch einweichen, Butter, Zucker und Eier schaumig rühren. Vanillezucker und abgeriebene Zitronenschale unterrühren.
- Die eingeweichten Semmeln gut ausdrücken und zerkleinern, zusammen mit dem Mohn unter die Masse heben.
- Die Masse in eine ausgebutterte Kastenform füllen und im Backofen bei 180 °C 45 Minuten backen.
- Obers steif schlagen, Staubzucker unterheben, den Semmel-Mohn-Kuchen warm auf Tellern anrichten und mit Schlagobers garnieren.

Zubereitungszeit ca. 1 Stunde

Würziger Mohnkuchen

Rhabarberkuchen
mit Puddinghäubchen

Zutaten für 12 Stück
250 g Mehl
1 TL Backpulver
80 g Butter
80 g Zucker
1 Prise Salz
2 Eier
abgeriebene Schale von 1 Bio-Zitrone
800 g Rhabarber
80 ml Weißwein

Mehl zum Ausarbeiten
Butter für das Backblech

Belag
180 ml Milch
1 P. Vanillepudding
100 g Zucker
2 Eier
100 ml Obers

- Mehl, Backpulver und klein geschnittene Butter zerbröseln, Zucker, Salz, Eier und abgeriebene Zitronenschale unterkneten, 30 Minuten rasten lassen.
- Den Rhabarber waschen, schälen und in kleine Stücke schneiden, die Rhabarberstücke in Weißwein 2 Minuten dünsten und anschließend auskühlen lassen.
- Für den Belag Milch, Vanillepudding, Zucker, Eier und Obers verrühren.
- Den Teig auf einer bemehlten Arbeitsfläche 3 cm dick ausrollen, ein Backblech ausbuttern und mit dem Teig auslegen.
- Den Rhabarber darauf verteilen, die Puddingmasse darübergießen und im Backofen bei 180 °C ca. 40 Minuten backen.

Zubereitungszeit ca. 70 Minuten

Topfen-Nudel-Kuchen

Zutaten für 4 Portionen
250 g Bandnudeln
1 Prise Salz
5 Eier
100 g Butter
120 g Zucker
1 Bio-Zitrone
1 TL Zimt
200 g Topfen
120 ml Sauerrahm
60 g Rosinen

Butter und Semmelbrösel für die Form
Kompott nach Wahl

- Die Bandnudeln in siedendem Salzwasser kernig kochen, abseihen, mit kaltem Wasser abschrecken und gut abtropfen lassen.
- Die Eier trennen, Eidotter, Butter und Zucker schaumig rühren, abgeriebene Zitronenschale und Zitronensaft dazugeben und mit Zimt, Topfen, Sauerrahm und gewaschenen Rosinen verrühren.
- Nudeln dazugeben und gut vermischen, zuletzt die Eiklar steif schlagen und vorsichtig unterheben.
- Eine Auflaufform ausbuttern und mit Semmelbröseln bestreuen, die Masse einfüllen und im Backofen bei 180 °C ca. 45 Minuten backen.
- Den Kuchen heiß auf Tellern anrichten und mit Kompott nach Wahl servieren.

Zubereitungszeit ca. 1 Stunde, 10 Minuten

Rhabarberkuchen mit Puddinghäubchen

Marillenkuchen

Zutaten für 12 Stück
130 g Zucker
130 g Butter
50 ml Obers
1 Prise Salz
3 Eier
250 g Mehl
1 TL Backpulver
700 g Marillen
120 g Mandelsplitter
2 EL Zucker

Butter für das Backblech
Staubzucker zum Bestreuen

- 2 Esslöffel Zucker im Topf karamellisieren, 1 Esslöffel Butter und das Obers dazugeben und so lange köcheln lassen, bis sich der Zucker aufgelöst hat, danach auskühlen lassen.
- Den restlichen Zucker mit Butter, etwas Salz und Eiern schaumig rühren, das Karamell dazugeben, Mehl und Backpulver unterrühren.
- Ein Backblech ausbuttern, den Teig darauf glatt streichen, die Marillen waschen, halbieren und entsteinen.
- Die Hälfte der Mandelsplitter auf den Teig streuen und die Marillenhälften darauflegen. Zucker und restliche Mandelsplitter darüberstreuen und im Backofen bei 170 °C ca. 45 Minuten backen.
- Marillenkuchen aus dem Backofen nehmen und auskühlen lassen. Vor dem Servieren mit Staubzucker bestreuen.

Zubereitungszeit ca. 70 Minuten

Schaumiger Traum

Zutaten für 4 Portionen
5 Eiklar
1 Prise Salz
80 g Zucker
1 P. Vanillezucker
2 EL Mehl
3 Eidotter
100 ml Milch
40 g Butter

Staubzucker zum Bestreuen

- Die Eiklar mit etwas Salz sehr steif schlagen, danach Zucker und Vanillezucker löffelweise unterschlagen, zuletzt das Mehl und die Dotter vorsichtig unterheben.
- Milch und Butter in eine Auflaufform geben und kurz aufkochen lassen, die Masse in die kochende Milch geben, die Form zugedeckt in den Backofen stellen und die Masse bei 150 °C 10 Minuten backen, danach den Deckel abnehmen und weitere 10 Minuten backen.
- Aus dem Backofen nehmen und in vier Portionen teilen. Sofort auf Tellern anrichten und mit Staubzucker bestreut servieren.

Zubereitungszeit ca. 30 Minuten

Marillenkuchen

Apfelkuchen

Zutaten für 12 Stück
4 Eier
200 g Butter
150 g Zucker
1 Prise Salz
100 ml Milch
250 g Mehl
50 g Erdäpfelstärke
1 P. Backpulver

Butter für das Backblech

Belag
150 g Marillenmarmelade
2 EL Rum
1 kg Äpfel
100 g Mandelsplitter
Staubzucker zum Bestreuen

- Die Eier trennen, Eidotter, Butter, Zucker und Salz schaumig rühren, Milch, Mehl, Erdäpfelstärke und Backpulver unterrühren, die Eiklar steif schlagen und vorsichtig unter den Teig heben.
- Ein Backblech ausbuttern, den Teig darauf glatt streichen.
- Für den Belag die Marillenmarmelade mit Rum glatt rühren, die Äpfel schälen, halbieren und vom Kerngehäuse befreien.
- Die Apfelhälften mit der Vertiefung nach oben auf den Teig legen und leicht andrücken, danach die Vertiefungen mit Marillenmarmelade füllen, diese mit Mandelsplittern bestreuen und im Backofen bei 180 °C 40 Minuten backen.
- Aus dem Backofen nehmen, 30 Minuten auskühlen lassen und mit Staubzucker bestreuen.

Zubereitungszeit ca. 70 Minuten
Wartezeit ca. 30 Minuten

Gebackene Ananasringe
mit Rumobers

Zutaten für 4 Portionen
250 ml Milch
100 g Grieß
1 Ei
1 Prise Salz
60 g Zucker
1 Dose Ananasringe

250 ml Öl zum Ausbacken

250 ml Obers
2 EL Rum
1 EL Staubzucker

- Die Milch zum Kochen bringen und noch kochend heiß über 50 g Grieß gießen. Ausquellen lassen. Den restlichen Grieß in einem Teller bereitstellen.
- Ei, Salz und Zucker schaumig rühren, danach zur Grießmasse geben und gut verrühren.
- Die Ananasscheiben aus der Dose nehmen und abtropfen lassen, danach zuerst im trockenen Grieß und anschließend in der Grießmasse wenden.
- Das Öl in einer Pfanne heiß werden lassen und die Ananasschnitzel darin beidseitig goldgelb backen.
- Obers steif schlagen, danach den Rum und den Staubzucker unterschlagen.
- Die Ananasschnitzel mit dem Rumobers auf Tellern anrichten und servieren.

Zubereitungszeit ca. 30 Minuten

Apfelkuchen

Kürbiskuchen

Zutaten für 12 Stück
400 g Kürbisfleisch
4 Eier
60 g Zucker
2 EL Rum
etwas Salz
100 g geriebene Nüsse
20 g Mehl
2 EL Erdäpfelstärke
1 P. Backpulver

Butter für die Backform

Glasur
200 g Staubzucker
3 EL Zitronensaft
40 g Kürbiskerne zum Bestreuen

- Das Kürbisfleisch auslösen, Kerne entfernen und fein raspeln. Die Eier trennen, Eidotter, Zucker Rum und Salz schaumig rühren, die Nüsse und das Kürbisfleisch unterrühren, danach das Mehl, die Erdäpfelstärke und das Backpulver untermengen. Die Eiklar steif schlagen und unter den Teig rühren.
- Eine Backform ausbuttern, den Teig darin glatt streichen, im Backofen 30 Minuten backen, danach aus dem Backofen nehmen und auskühlen lassen.
- Für die Glasur Staubzucker mit Zitronensaft glatt rühren, den Kuchen mit der Glasur bestreichen und mit Kürbiskernen bestreuen. 2 Stunden trocknen lassen.

Zubereitungszeit ca. 1 Stunde
Wartezeit ca. 2 Stunden

Süße Krautschnitten

Zutaten für 12 Stück
4 Eier
200 g Zucker
80 g Sauerkraut
4 EL Cognac
1 TL Zimt
100 g geriebene Kochschokolade
160 ml Milch
300 g Mehl
1/2 P. Backpulver
120 g grob gehackte Mandeln

Butter für das Backblech

Glasur
120 g Staubzucker
2 EL Zitronensaft

- Eier und Zucker schaumig rühren, das Sauerkraut, Cognac, Zimt und geriebene Schokolade unterrühren, zuletzt die Milch, das Mehl, Backpulver und die grob gehackten Mandeln untermengen.
- Ein Backblech ausbuttern, den Teig darauf glatt streichen, im Backofen bei 180 °C ca. 25 Minuten backen, anschließend aus dem Ofen nehmen und auskühlen lassen.
- Für die Glasur den Staubzucker mit Zitronensaft glatt rühren und den Kuchen mit dieser überziehen. 2 Stunden trocknen lassen.

Zubereitungszeit ca. 50 Minuten
Wartezeit ca. 2 Stunden

Kürbiskuchen

Feine Kokosschnitten

Zutaten für 12 Stück
100 g Topfen
50 ml Milch
50 ml Öl
1 Ei
2 EL Zucker
1 P. Vanillezucker
1 Prise Salz
250 g Mehl
1/2 P. Backpulver

Mehl zum Ausarbeiten
Butter für das Backblech

Belag
300 g Butter
300 g Zucker
2 EL Honig
300 g Kokosraspel
50 ml Milch

150 g Schokoladenglasur

- Aus Topfen, Milch, Öl, Ei, Zucker, Vanillezucker und Salz einen Teig rühren. Mehl und Backpulver unterkneten, anschließend den Teig auf einer bemehlten Arbeitsfläche glatt kneten.
- Den Teig dünn ausrollen und in eine bebutterte Backform (rechteckig) legen.
- Für den Belag die Butter in einem Topf zergehen lassen, Zucker und Honig unterrühren und mit den Kokosraspeln und der Milch verrühren, anschließend die Kokosmasse kurz auskühlen lassen.
- Den Teig mit der Kokosmasse bestreichen und im Backofen bei 160 °C 35–40 Minuten backen, danach aus dem Backofen nehmen und 30 Minuten auskühlen lassen.
- Die Schokoladenglasur über Wasserdampf schmelzen lassen und den Kuchen mit der Glasur überziehen. 2 Stunden trocknen lassen.

Zubereitungszeit ca. 70 Minuten
Wartezeit 2 Stunden, 30 Minuten

Erdäpfelschnitten

Zutaten für 16 Stück
200 g Erdäpfel
30 g Germ
250 ml lauwarme Milch
400 g Mehl
100 g Zucker
1 Prise Salz
1 Ei
abgeriebene Schale von 1 Bio-Zitrone
100 g zerlassene Butter

Mehl zum Ausarbeiten
Butter für das Backblech

Belag
100 g gebräunte Butter
1 TL Zimt
80 g Staubzucker

- Die Erdäpfel in Salzwasser kochen, abseihen und auskühlen lassen, die ausgekühlten Erdäpfel schälen und durch die Erdäpfelpresse drücken.
- Die Germ in 3 Esslöffeln lauwarmer Milch auflösen und mit 1 Esslöffel Mehl anrühren, 15 Minuten gehen lassen.
- Das Mehl in eine Schüssel geben und mit der aufgegangenen Germ vermischen, Zucker, Salz, Ei, abgeriebene Zitronenschale, zerlassene Butter und lauwarme Milch unterrühren, zuletzt die passierten Erdäpfel untermengen und einen Teig kneten. Danach den Teig mit einem Küchentuch abdecken und 30 Minuten gehen lassen.
- Den Teig auf einer bemehlten Arbeitsfläche 4 cm dick ausrollen, auf ein ausgebuttertes Backblech legen und im Backofen bei 180 °C 25 Minuten backen, danach aus dem Ofen nehmen, noch heiß mit gebräunter Butter bestreichen und mit Zimtzucker bestreuen. 30 Minuten auskühlen lassen.

Zubereitungszeit ca. 60 Minuten
Wartezeit ca. 1 Stunde, 15 Minuten

Feine Kokosschnitten

Ingwer-Schnitten

Zutaten für 12 Stück
200 g Mehl
2 TL Backpulver
130 g Zucker
1 P. Vanillezucker
1 TL Zimt
2 Eier
130 g gemahlene Nüsse
130 g Butter

Mehl zum Ausarbeiten
Butter für das Backblech

Belag
320 ml Orangensirup
2 TL gemahlener Ingwer
50 g Butter
130 g Semmelbrösel
1 Eigelb
1 EL Milch

200 ml Obers
1 EL Zucker

- Mehl und Backpulver in eine Schüssel sieben, Zucker, Vanillezucker, Zimt, Eier, Nüsse und klein geschnittene Butter dazugeben und einen festen Teig kneten. 30 Minuten rasten lassen.
- Zwei Drittel des Teiges auf einer bemehlten Arbeitsfläche 2 cm dick ausrollen, ein Backblech ausbuttern und mit dem Teig auslegen, den restlichen Teig dünn ausrollen und in schmale Streifen schneiden.
- Für den Belag Orangensirup, Ingwer und Butter in einem Topf erhitzen, Semmelbrösel unterrühren und auskühlen lassen.
- Den ausgelegten Teig mit dem Belag bestreichen, die Teigstreifen gitterförmig darauflegen.
- Eidotter mit Milch gut verquirlen und die Teigstreifen damit bepinseln, im Backofen bei 180 °C 30 Minuten backen.
- Obers steif schlagen und den Zucker unterrühren, den Kuchen in Stücke schneiden und mit Schlagobers servieren.

Zubereitungszeit ca. 1 Stunde
Wartezeit ca. 30 Minuten

Ingwer-Schnitten

Moosbeer-schaumschnitten

Zutaten für 12 Stück

Teig
300 g Mehl
150 g Butter
1 Prise Salz
100 g Zucker
3 Eidotter

Mehl zum Ausarbeiten
Butter für das Backblech

Belag
4 Eiklar
150 g Zucker
400 g Moosbeeren (Cranberries)

- Das Mehl mit der Butter zerbröseln, Salz, Zucker und Eidotter dazugeben und einen festen Teig kneten. 30 Minuten rasten lassen.
- Den Teig auf einer bemehlten Arbeitsfläche 1 cm dick ausrollen, ein Backblech ausbuttern und mit dem Teig auslegen, mehrmals mit der Gabel einstechen, damit sich keine Blasen bilden können, das Blech in den Backofen schieben und bei 180 °C 10 Minuten backen.
- Für den Belag die Eiklar steif schlagen, den Zucker löffelweise unter den Eischnee schlagen. Die Moosbeeren waschen und trocken tupfen und unter den Eischnee heben.
- Den Kuchenboden aus dem Backofen nehmen, die Schaumbeerenmasse darüber verteilen und glatt streichen.
- Nochmals in den Backofen schieben und bei 200 °C ca. 15 Minuten backen, bis der Schnee braun ist.
- In Stücke schneiden und noch warm auf Tellern anrichten und servieren.

Zubereitungszeit ca. 45 Minuten
Wartezeit ca. 30 Minuten

Mosbeerschaumschnitten

Himbeerschnitten

Zutaten für 12 Stück
200 g Mehl
1 TL Backpulver
100 g Zucker
1 P. Vanillezucker
1 Prise Salz
1 Ei
1 EL Milch
130 g Butter

Mehl zum Ausarbeiten
Butter für das Backblech

Fülle
150 g Topfen
250 g Joghurt
80 g Zucker
2 Eidotter
abgeriebene Schale von
1 Bio-Zitrone
4 Blatt Gelatine
250 ml Obers
800 g Himbeeren (tiefgefroren oder frisch)

Glasur
4 Blatt Gelatine
3 EL Cognac
200 g Himbeermarmelade

- Das Mehl mit Backpulver, Zucker, Vanillezucker, Salz, Ei und Milch vermischen und die klein geschnittene Butter unterkneten, den Teig 30 Minuten rasten lassen.
- Für die Fülle den Topfen mit Joghurt, Zucker, Eidotter und abgeriebener Zitronenschale verrühren.
- Die Gelatine in kaltem Wasser einweichen, ausdrücken und im erwärmten Obers auflösen, auskühlen lassen und anschließend unter die Topfenmasse rühren.
- Den Teig auf einer bemehlten Arbeitsfläche 3 cm dick ausrollen, ein Backblech ausbuttern, mit dem Teig auslegen und im Backofen bei 180 °C 20 Minuten backen, anschließend auskühlen lassen.
- Die Hälfte der Fülle auf dem Kuchenboden verteilen, die Himbeeren darübergeben und mit der restlichen Fülle abschließen.
- Für die Glasur die Gelatine in kaltem Wasser einweichen, ausdrücken und in erwärmtem Cognac auflösen, danach die Marmelade unterrühren.
- Den Kuchen mit der Glasur bestreichen und 4 Stunden stocken lassen.

Zubereitungszeit ca. 1 Stunde
Wartezeit ca. 4 Stunden, 30 Minuten

Himbeerschnitten

Grießschnitten
mit Mandelkruste

Zutaten für 8 Stück
750 ml Milch
100 g Zucker
1 Prise Salz
2 P. Vanillezucker
120 g Grieß
2 Eier
60 g Butter

Butter für die Form

Mandelkruste
40 g Mehl
2 Eier
200 g Mandelstifte
250 ml Öl

- Die Milch in einen Topf geben, Zucker, Salz und Vanillezucker zugeben und aufkochen lassen, danach den Grieß in die kochende Milch einrühren und 2 Minuten kochen lassen. Den Topf von der Herdplatte nehmen, Eier und Butter unterrühren.
- Eine Kastenform ausbuttern, die Grießmasse einfüllen und 2 Stunden auskühlen lassen, die erkaltete Grießmasse aus der Form stürzen und in 8 Stücke schneiden.
- Für die Mandelkruste je 1 Teller mit Mehl, verquirltem Ei und Mandelsplittern bereitstellen.
- Die Grießschnitten zuerst in Mehl, dann in Ei und zuletzt in den Mandelsplittern wenden.
- Das Öl in einer Pfanne heiß werden lassen und die Grießschnitten darin ausbacken.
- Die Grießschnitten warm auf Tellern anrichten und mit Erdbeersauce servieren.

Zubereitungszeit ca. 45 Minuten
Wartezeit ca. 2 Stunden

Topfenschnitten

Zutaten für 8 Stück
5 Eier
150 g Butter
150 g Staubzucker
1 P. Vanillezucker
150 g geriebene Mandeln
100 g Mehl
1 TL Backpulver
1 Prise Salz
100 g Ribiselmarmelade

zerlassene Butter
für das Backblech

Topfencreme
400 ml Milch
2 EL Erdäpfelstärke
500 g Topfen
200 g Staubzucker
3 EL Rum
2 EL Mandelsplitter
40 g Butter

- Die Eier trennen, Eidotter, Butter, Staubzucker und Vanillezucker schaumig rühren, geriebene Mandeln, Mehl und Backpulver unterrühren.
- Die Eiklar mit einer Prise Salz steif schlagen und vorsichtig unter die Teigmasse heben.
- Ein Backblech mit zerlassener Butter bestreichen, die Teigmasse daraufgeben und glatt streichen. Im Backofen bei 180 °C 25 Minuten backen, dann aus dem Backofen nehmen und auskühlen lassen.
- Für die Topfencreme die Erdäpfelstärke mit 5 Esslöffeln kalter Milch anrühren.
- Die restliche Milch in einen Topf geben und zum Kochen bringen. Die Erdäpfelstärke darin einrühren und einmal kurz aufkochen lassen. Den Topf von der Herdplatte nehmen und die Masse 1 Stunde auskühlen lassen, anschließend Topfen, Staubzucker und Rum unterrühren.
- Den Kuchenboden mit Ribiselmarmelade bestreichen, die Topfencreme darüber verteilen und glatt streichen.
- Die Mandelsplitter in heißer Butter anbräunen und über die Topfencreme streuen, danach den Topfenkuchen in gleichmäßig große Schnitten schneiden und servieren.

Zubereitungszeit ca. 50 Minuten
Wartezeit ca. 1 Stunde

Grießschnitten mit Mandelkruste

Orangenbiskuitroulade

Zutaten für 8 Stück
4 Eier
150 g Zucker
4 EL Wasser
60 g Erdäpfelstärke
160 g Mehl
1 TL Backpulver

Pergamentpapier für das Backblech
Zucker zum Bestreuen
Blutorangenstücke zum Garnieren

Creme
2 EL Erdäpfelstärke
250 ml Milch
1 Prise Salz
abgeriebene Schale von 1 Bio-Orange
120 g Butter
120 g Staubzucker
4 EL Orangenlikör
2 Blutorangen

- Die Eier trennen, die Eiklar steif schlagen, dann den Zucker löffelweise unterschlagen. Wasser und Eidotter unterrühren und zuletzt die Erdäpfelstärke, das Mehl und das Backpulver vorsichtig unterheben.
- Ein Backblech mit Pergamentpapier auslegen, den Teig fingerdick aufstreichen und im Backofen bei 200 °C 15 Minuten backen.
- Den gebackenen Teig auf ein mit Zucker bestreutes Küchentuch stürzen, das Pergamentpapier abziehen und noch heiß mit dem Küchentuch einrollen, anschließend die Roulade 1 Stunde auskühlen lassen.
- Für die Creme die Erdäpfelstärke mit 3 Esslöffeln Milch anrühren, danach in die gesalzene und kochende Milch einrühren und noch einmal kurz aufkochen lassen. Die abgeriebene Orangenschale unterrühren und auskühlen lassen, dabei mehrmals umrühren, damit sich keine Haut bildet.
- Butter, Staubzucker und Orangenlikör schaumig rühren, anschließend die erkaltete Milchmasse löffelweise unterrühren.
- Die Orangen schälen und filieren, weiße Haut und die Kerne entfernen, danach die Orangenspalten in Stücke schneiden.
- Die ausgekühlte Roulade auseinanderrollen und mit der Hälfte der Creme bestreichen, danach die Orangenstücke darauf verteilen, wieder zusammenrollen und mit der restlichen Creme überziehen und den Orangenstücken garnieren.

Zubereitungszeit ca. 40 Minuten

Orangenbiskuitroulade

Schokoladenroulade

Zutaten für 10 Stück
Teig
5 Eier
50 g Butter
50 g Zucker
1 EL Mehl
1 EL Semmelbrösel
150 g geriebene Schokolade
50 g geriebene Mandeln

Pergamentpapier für das Backblech
Schokoladenraspel zum Bestreuen

Fülle
500 ml Obers
EL Zucker

- Die Eier trennen, Eidotter, Butter und Zucker schaumig rühren, danach das Mehl, die Semmelbrösel, die Mandeln und die geriebene Schokolade unterrühren. Die Eiklar steif schlagen und vorsichtig unter den Teig heben.
- Ein Backblech mit Pergamentpapier auslegen, den Teig fingerdick aufstreichen und im Backofen bei 180 °C 10–15 Minuten backen. Den gebackenen Teig auf ein Küchentuch stürzen, das Papier abziehen und noch heiß mit dem Küchentuch einrollen, anschließend die Roulade 1 Stunde auskühlen lassen.
- Obers mit Zucker steif schlagen. Die ausgekühlte Roulade auseinanderrollen, mit Schlagobers bestreichen und wieder zusammenrollen, mit restlichem Schlagobers überziehen und mit Schokoladenraspeln bestreuen.

Zubereitungszeit ca. 45 Minuten, Wartezeit ca. 1 Stunde

Schokoladentorte

Zutaten für 16 Stück
Teig
4 Eier
200 g Butter
200 g Zucker
1 P. Vanillezucker
300 g Mehl
1 P. Backpulver
200 g geriebene Nüsse

Butter für die Form
120 g Marillenmarmelade zum Bestreichen

Schokoladencreme
1 P. Schokoladenpudding
300 g Milch
250 g Butter
150 g Staubzucker
150 g geriebene Kochschokolade
2 EL Rum

100 g Schokoladestreusel zum Bestreuen

- Die Eier trennen, Eidotter, Butter, Zucker und Vanillezucker schaumig rühren.
- Das Mehl in eine Schüssel sieben, mit Backpulver und geriebenen Nüssen vermischen, danach unter die Dottermasse rühren. Zuletzt die Eiklar steif schlagen und unter den Teig ziehen.
- Eine Springform mit Butter ausstreichen und den Teig einfüllen. Im Backofen bei 160 °C 1 Stunde backen, aus dem Backofen nehmen und 30 Minuten auskühlen lassen.
- Für die Schokoladencreme den Pudding in 4 Esslöffeln Milch glatt rühren, restliche Milch in einen Topf geben und zum Kochen bringen.
- Die Puddingmasse darin einrühren und einmal kurz aufkochen lassen, den Topf von der Herdplatte nehmen und den Pudding auskühlen lassen, immer wieder umrühren, damit sich keine Haut bildet. Butter, Staubzucker, geriebene Kochschokolade und Rum schaumig rühren, danach den Pudding löffelweise unterrühren.
- Den Tortenboden aus der Form lösen und in der Mitte einmal durchschneiden, anschließend den unteren Tortenboden mit Marillenmarmelade bestreichen, darauf ein Drittel der Schokoladencreme verteilen und glatt streichen, die zweite Bodenhälfte darauflegen und leicht andrücken. Mit der restlichen Schokoladencreme die Torte überziehen und mit Schokostreuseln bestreuen. Torte für mindestens 1 Stunde kühl stellen.

Zubereitungszeit ca. 90 Minuten, Wartezeit mind. 1 Stunde

Schokoladenroulade

Biskottentorte

Zutaten für 8–10 Stück
125 ml Weißwein
3 Eidotter
80 g Zucker
4 Blatt Gelatine
250 m Obers
200 g Biskotten

Schlagobers zum Garnieren

- Weißwein, Eidotter und Zucker über dem Wasserdampf dick schlagen. Die Gelatine in kaltem Wasser einweichen, ausdrücken und in einem Topf erwärmen. Unter die Weinmasse rühren und 20 Minuten stocken lassen.
- Das Obers steif schlagen und unter die Creme rühren.
- Die Biskotten auf dem Boden einer kleinen Springform auslegen, am Rand aufstellen.
- Die Creme einfüllen und 6 Stunden in den Kühlschrank stellen. Biskottentorte aus der Form lösen, in Stücke schneiden und mit geschlagenem Obers servieren.

Zubereitungszeit ca. 20 Minuten
Wartezeit ca. 6 Stunden, 20 Minuten

Dörrobstroulade

Zutaten für 10 Stück
Teig
5 Eier
130 g Zucker
1 P. Vanillezucker
1 Prise Salz
120 g Mehl
1 Msp. Backpulver

Pergamentpapier
für das Backblech

Fülle
1/2 P. Vanillepudding
250 ml Milch
150 g Dörrpflaumen
60 g Rosinen
5 EL Rum
250 g passierter Topfen
200 g Staubzucker
3 EL Cognac
200 ml Obers

- Die Eier trennen, Eidotter, zwei Drittel Zucker und Vanillezucker schaumig rühren.
- Die Eiklar mit einer Prise Salz steif schlagen, den Rest des Zuckers unter den Eischnee rühren und auf die Dottermasse geben. Mehl und Backpulver dazugeben und alles vorsichtig unter die Dottermasse ziehen.
- Ein Backblech mit Pergamentpapier auslegen, den Teig fingerdick aufstreichen und im Backofen bei 180 °C 12 Minuten backen.
- Ein Küchentuch mit Zucker bestreuen, den gebackenen Teig daraufstürzen, danach das Pergamentpapier abziehen und die Teigplatte mit dem Küchentuch locker einrollen. Die Roulade 30 Minuten auskühlen lassen.
- Den Vanillepudding mit 5 Esslöffeln Milch glatt rühren.
- Die restliche Milch in einen Topf geben und zum Kochen bringen. Die Puddingmasse darin einrühren und kurz aufkochen lassen. Den Topf von der Herdplatte nehmen und den Pudding auskühlen lassen. Die Dörrpflaumen klein schneiden, die Rosinen unterrühren und mit Rum beträufeln. 30 Minuten durchziehen lassen.
- Den Topfen mit Staubzucker und Cognac glatt rühren, den erkalteten Pudding löffelweise unterrühren. Obers steif schlagen und unter die Puddingcreme heben, danach für die Fülle die Hälfte der Puddingcreme mit den eingeweichten Pflaumen und Rosinen vermischen.
- Die ausgekühlte Roulade auseinanderrollen, mit der Fülle bestreichen und wieder zusammenrollen. Die Roulade mit der restlichen Puddingcreme bestreichen.

Zubereitungszeit ca. 40 Minuten, Wartezeit ca. 30 Minuten

Biskottentorte

Nusstorte

Zutaten für 16 Stück

Teig
6 Eier
280 g Zucker
1 P. Vanillezucker
280 g geriebene Nüsse nach Wahl
1 P. Backpulver
300 g Mehl

Butter für die Backform

Fülle
100 g Marillenmarmelade
2 EL Rum

Glasur
250 g Staubzucker
5 EL Zitronensaft

Zum Verzieren
30 g Mandelsplitter
Nüsse nach Wahl (z. B. glasierte Nüsse, Walnüsse, Mandeln, Haselnüsse ...)

- Die Eier mit dem Mixer schaumig schlagen, nach und nach den Zucker und Vanillezucker unterrühren. So lange schlagen, bis eine schaumige Masse entsteht.
- Die Nüsse dazugeben, zuletzt das mit Backpulver vermischte Mehl vorsichtig unterheben. Die Masse in eine mit Butter ausgestrichene runde Backform geben und im Backofen bei 150 °C 60 Minuten backen.
- Tortenboden aus der Form lösen, 40 Minuten auskühlen lassen.
- Die Marmelade mit Rum verrühren. Den Tortenboden einmal durchschneiden und den unteren Boden mit zwei Drittel der Marmelade bestreichen, den zweiten Boden darauflegen und mit der restlichen Marmelade bestreichen.
- Für die Glasur Staubzucker und Zitronensaft verrühren und damit die Torte überziehen.
- Die Torte mit Nüssen verzieren.

Zubereitungszeit ca. 80 Minuten
Wartezeit ca. 40 Minuten

Nusstorte

5. Auflage
33.200 verkaufte Exemplare

ISBN 978-3-7020-1217-5
Elisabeth Degenhart

DAS 1-EURO-KOCHBUCH

202 1-€-Gerichte für sparsame Genießer
144 Seiten, 80 Farbabbildungen, Hardcover

Die gute Nachricht in schweren Zeiten: Auch um einen Euro lassen sich viele wohlschmeckende Gerichte zaubern. Kein Wunder also, dass das 1-Euro-Kochbuch bereits nach bereits nach kurzer Zeit in der 5. Auflage vorlag!

Ein Euro pro Person und trotzdem gut essen - mit diesem Kochbuch schlägt man den Preissteigerungen im Lebensmittelhandel ein Schnippchen. Man glaubt gar nicht, wie viele Gerichte sich um nur einen Euro kochen lassen. Wichtig dafür sind unter anderem die Berücksichtigung von Obst und Gemüse der Saison sowie die Nützung von Sonderangeboten und Aktionen. Positiver Nebeneffekt: Die Vielfalt auf dem Speisezettel ergibt sich dadurch quasi von selbst! Die Möglichkeiten zu sparen sind groß und beginnen mit neu entdeckten und interpretierten alten Rezepten - schließlich ist das Geld bei unseren Vorfahren ja auch nicht vom Himmel gefallen. Wie heißt es doch so schön? Genuss muss nicht teuer sein ...

Leopold Stocker Verlag
Graz – Stuttgart

2. Auflage
15.800 verkaufte Exemplare

ISBN 978-3-7020-1240-3
Elisabeth Degenhart

DAS 2-EURO-KOCHBUCH

111 2-€-Gerichte für sparsame Genießer
144 Seiten, 70 Farbabbildungen, Hardcover

Mehr als 100 Gerichte, die pro Person nicht mehr als zwei Euro kosten, zeigen: Guter Geschmack ist keine Kostenfrage!

Wie landet man einen Bestseller? - Indem man am Puls der Zeit publiziert. Kochbuchautorin Elisabeth Degenhart bewies dieses Geschick mit dem „1 Euro Kochbuch", das in Krisenzeiten wie diesen binnen kürzester Zeit mehrere Auflagen erlebte.

Im „2-Euro-Kochbuch" mit 111 Rezepten für sparsame Genießer sind die Rezepte entsprechend der „Verdoppelung" des knapp bemessenen Haushaltsbudgets raffinierter ausgefallen. Sie werden es kaum glauben, welch kulinarische Vielfalt sich mit zwei Euro pro Kopf (beziehungsweise Magen) und Nase auf den Tisch zaubern lässt. Und Sie werden staunen, dass sich der Tisch auch bei sparsamem Einkaufsverhalten unter wahren Köstlichkeiten biegen kann.

Degenhart, begeisterte Alltagsköchin und bodenständige Tirolerin, legt bei ihren Rezepten neben der exakten Kalkulation Wert auf einen Schuss Tradition. Schließlich musste ja auch schon Oma sparen, und trotzdem waren ihre Gerichte unerreichbar im Geschmack. Die Verwendung saisonaler Obst- und Gemüsesorten und die Beachtung von Aktionen im Lebensmittelhandel tragen das Ihre zu einem sparsamen Genuss bei.